心寬看清

耿文國 著

心境決定你的處境

心靈開悟的小故事

順逆成敗，都能讓人得到新的經驗和成長，
那才是正確的生活態度。
所以，在逆境時，不要自暴自棄；
在順境時，也絕不可得意忘形。

前言

歷史悠久的禪文化，正如一本包羅萬象的書，揭示著宇宙萬物的規律。有史以來，許多人去研究它、參悟它，就是希望能從禪中得到更多的哲理（即「道」），警醒後人。

何謂「道」？

狹義地講——「道」是從禪中悟出的一些精華思想；

廣義上講——「道」是虛空之間的一切有形世界與無形世界的本源，也是自然界和人類社會的總法則。

「道可道，非常道」。「道」是難以言說的，能說清楚地就不是「常道」。「道之爲物，惟恍惟惚。惚兮恍兮，其中有象；恍兮惚兮，其中有物。」「道」就是這樣一種似無而有、似有實無的東西。可以說，人生完全被包含在這個「道」之中——人生處處流露著禪機，只要能全身心地投入進去，處處都可以領悟到禪的智慧，處處都可以得到「道」的啓示。

何謂「人生」？

人生，就是這世界上的每一個人，對於生活應該持有的一種態度。換句話說，就是人生在世，應該怎樣生活？如何立身處世？如何面對紛繁的社會？如何掌握自己的命運？

在生活節奏加快、生存壓力日趨增大的今天，每個人都要承受不同的壓力和痛苦。因此，人們的內心常會有一種惴惴不安的感覺，有時甚至不知道自己身在何處！

《心境，決定你的處境》系列便是爲了解決這一系列問題應運而生的。本書選取了眾多經典的禪學故事，並緊密結合了一些修爲較高的名士的理論精心編撰而成。可以說這是一本以禪故事爲載體，揭示人生之「道」、洗滌心靈的經典勵志書。

讀者在閱讀它時，能夠有一種清泉流過心間的感覺，它可以清除讀者內心眾多的煩擾。更能令那些深刻體會其內涵的讀者，擁有一雙慧眼和一顆慧心，從容應對生活中存在的各種困惑、煩惱和心理障礙。讓廣大讀者的人際關係更和諧、家庭更和睦、工作更順利、心情更舒暢。

目錄

目錄 CONTENTS

CHAPTER 01

第一輯 緣聚則生，緣散則滅

生活中，每個人都會有許多類似這樣的感慨——
喜歡的人不愛自己，不喜歡的人卻愛自己很深；
想做的工作得不到，不想做的自己卻正在從事……
以上這些感慨，只能用一個既現實存在、
又無法言表的「緣」字來解釋。「緣」原本就是這般難以琢磨，
正如「喜歡不需要任何理由，
不喜歡同樣不需要任何理由」一樣。
值得注意的是，所有的「緣」並不能人爲掌控，
緣聚緣滅也沒有固定規律。故而，讓內心多一些隨遇而安，
反而能讓人生變得更灑脫，
讓活變得更充實、快樂。
放鬆心情，用「隨緣」的心來洗滌人生的煩惱，
你會感覺這個世界依然美麗如初。

一、回首已然無用

萬籟俱緣生，窅然喧中寂。
心境本同如，鳥飛無遺跡。
——唐．柳宗元

一個和尚肩上挑著一根扁擔信步而走，肩擔上懸掛著一個盛滿綠豆湯的壺子。他不慎失足跌了一跤，壺子掉落到地上摔得粉碎，這位和尚仍若無其事地繼續往前走。

這時，有一個人急忙跑過來激動地說：「你不知道壺子已經破了嗎？」

「我知道。」老和尚不慌不忙地回答道，「我聽到它掉落了。」

「那麼你怎麼不轉身，看看該怎麼辦？」

「它已經破碎了，湯也流光了，你說我還能怎麼辦？」

禪中道義

生命的過程如同一次旅行，如果把每一個階段的成敗得失全都扛在肩上，今後的路只能會越走越窄，直至死角末路。

唯有以一種順其自然、「不以物喜，不以己悲」的心態同往事乾杯，才能讓生命之路越走越寬廣。

二、快樂與痛苦

牛得自由騎，春風細雨飛。
青山青草裏，一笛一蓑衣。
日出唱歌去，月明撫掌歸。
何人得似爾，無是亦無非。

——唐·棲蟾

曇照禪師每日與信徒開示，嘴裏總是高喊：「快樂呀，快樂呀，人生好快樂呀！」

但是有一次，曇照禪師生病了，躺在床上不時地喊道：「痛苦呀，痛苦呀，好痛苦呀！」

住持老和尚聽到了曇照禪師痛苦的叫喊聲，就責備他說：「一個出家人有病，總是喊苦呀、苦呀，讓別人看到了會取笑你的！」

曇照禪師回答說：「健康時快樂，生病時痛苦，這是理所當然的事，爲什麼能大聲地說快樂，卻不能大聲地道痛苦呢？」

住持老和尚說：「記得你剛出家時，有一次掉進水裏快要淹死時，你仍然面不改色、毫無畏懼，如今，你那時的豪情怎麼不見了？」

曇照禪師對住持老和尚說：「住持，請你到我床前來！」

住持和尚到了他床邊，曇照禪師輕輕地問道：「住持，你剛才說我以前總是講快樂呀、快樂呀！現在都是喊痛苦呀、痛苦呀！按你的理解，我究竟是講快樂對呢？還是講痛苦對呢？」

住持老和尚答道：「快樂時說快樂，痛苦時講痛苦。」

禪中道義

內心感受該是什麼，就是什麼——「快樂時就說快樂，痛苦時就說痛苦」才是眞實的生活，沒有必要刻意去掩飾或說違心的話，人如果掩飾得太多，就會將生活視爲負擔。

生活就像五味瓶，酸甜苦辣鹹樣樣俱全——不可能永遠是幸福，也不可能永遠是痛苦。因此，我們應該學會在幸福的時候體會幸福，在痛苦的時候品味痛苦的滋味，對於這些，我們如果能夠坦然接受，生活也會因此變得更輕鬆。

三、緣　分

少時學語苦難圓，只道功夫半未全。
到老方知非力取，三分人事七分天。
——清　趙翼

從前有個書生，和未婚妻約好在某年某月某日結婚。到那一天，未婚妻卻嫁給了別人。書生受此打擊，一病不起。家人用盡各種辦法都無能爲力，眼看奄奄一息。這時，路過一遊方僧人，得知情況，決定點化他一下。

這位僧人就是佛祖。佛祖到他床前，從懷裏摸出一面鏡子叫書生看。

書生看到茫茫大海，一名遇害的女子一絲不掛地躺在海灘上。路過一人，看一眼，搖搖頭，走了……；又路過一人，將衣服脫下，給女屍蓋上，走了……；再路過一人，過去，挖個坑，小心翼翼把屍體掩埋了……。疑惑間，畫面切換。書生看到自己的未婚妻。洞房花燭，被她丈夫掀起蓋頭的瞬間……，書生不明所以。

佛祖解釋道：「那具海灘上的女屍，就是你未婚妻的前世。你是第二個路過的人，曾給過他一件衣服。她今生和你相戀，只爲還你一個情。但是她最終要報答一生一世的人，是最後那個把她掩埋的人，那人就是她現在的丈夫。」

書生大悟，忽地從床上坐起，病癒！

禪中道義

緣分這東西不可強求。該是你的，早晚是你的；不該你的，怎麼努力也得不到。但無論任何時候，我們都不要絕望。不要放棄自己對眞、善、美的愛情追求。

四、不思量

枏坐雲遊出世塵，兼無瓶缽可隨身。
逢人不說人間事，便是人間無事人。
——唐．杜荀鶴

當藥山惟儼禪師靜靜打坐時，一名徒弟跑來問他：「師傅，您在這裏兀自思量思什麼呢？」

藥山禪師回答說：「思量那些不可思量的東西。」

徒弟不明，又問：「不可思量的東西又怎麼思量呢？」

藥山禪師回答說：「不思量。」

這名徒弟依然不名其意，便請藥山禪師詳加開導。

藥山禪師靜默良久。說道：「要我為你詳加說明並不難。不過最重要的還是你自己要毫不猶豫地抓住思量的意義，只有這樣，你才能入道。相反的，如果你先有猶豫再開始思量，這一切將會變成我的罪過。所以，我最好還是不說什麼。這樣，我們都可以避免更多的束縛。」

禪中道義

事情的發展都有其自己的方向和規律，如果我們硬要將自己的思想強加到這些事情上，反而會將事情變得複雜化。我們唯有按照這些事情的一般發展規律去思考、去應對，才能真正把握它們。

六、打破碗

蝸牛角上爭何事，石火光中寄此生。
隨貧隨富且隨喜，不開口笑是癡人。
——唐．白居易

一位老和尚門下有兩名徒弟。

一日飯後，老和尚的小徒弟在洗碗，失手打破了一隻碗。大徒弟幸災樂禍地跑到老和尚的禪房去彙報：「師傅，師弟剛剛打破了一隻碗。」

老和尚手撚佛珠，雙眼微閉，說道：「我相信你永遠都不會打破碗的！」

禪中道義

何謂生活？——自然而不刻板；自在愜意，而不苛刻造作。換句話說，對待別人，得過且過、不宜太挑剔；對待自己不宜太苛求。

生活本來就應該不要太在意，有時甚至需要一點不修邊幅、稀裏糊塗。

七、吉祥草

光明寂照遍河沙，凡聖含靈共我家。
一念不生全體現，六根才動被雲遮。
斷除煩惱重增病，趣向真如亦是邪。
隨順世緣無掛礙，涅盤生死等空花。
——五代．張拙

有一位孤寡的母親，膝下只有一子。這位母親對於獨子疼愛有加，生怕一個閃失，失去了唯一的希望。

有一年，村落流行一場瘟疫，寡母鍾愛的兒子不幸也死於這場瘟疫。傷心欲絕的母親不能接受這個殘酷的事實，每天摟抱著氣絕已久的孩子，號啕大哭。

從此婦人就像瘋子一般，碰到任何人便哀哀祈求：「我的孩子死了，天哪！誰能救救我的孩子？」

可憐的婦人活在喪子的悲痛之中，哭斷了柔腸，街坊鄰居都愛莫能助，不知如何來幫助她。

直到有一天，佛陀到此地宣教說法。許多村人不忍婦人沉淪在痛苦的深淵，把婦人引到佛陀的座前，希望佛陀給她一些啟示。佛陀慈悲地看著婦人說：「婦人家，你只要找到一樣東西，我就有辦法救治你的孩子。」

絕望中的母親聽到之後，懷著無限期盼的心情對佛陀說：「佛陀，只要能救我的孩子，任何東西我都願意去找。」

「你如果能找到吉祥草，把它覆蓋在你孩子的身上，便能起死回生。」

「什麼叫吉祥草？要到哪裡才採得到呢？」

「吉祥草生長在從來沒有死過親人的人家之中，你趕快去尋找吧！」

懷著一線希望的母親，鍥而不捨，挨家挨戶地尋找，每到一戶人家，便恭敬地雙手合十問道：「請問你家曾經死過人嗎？你家裏有吉祥草嗎？」

「我家沒有種植什麼吉祥草。數月前我家老人才剛剛過世。」

問了很多人家，就是沒有一戶不曾死過親人的。婦人失望極了，世間之大，竟然沒有一個人能夠救她的孩子。佛陀於是開導她說：「你終於明白，任何人家沒有不曾死過親人的道理。世間上一切萬物，有生必有死，有生必有滅，諸行無常的生滅現象，是自然的法則。因此，你兒子的死亡，也是一種必然的實相。」

禪中道義

人生的無常，一如風雲的變幻。瞭解了人生的無常，不是讓人消極、悲觀、放棄一切希望，而是讓我們覺悟以求解脫，以「凡事如何不喜歡」的態度面對。當我們能夠睜開「無常」之眼，觀看這個世界，我們的心情自然能獲得永恆的喜悅。

八、吃茶去

雲岩寂寂無窠臼，燦爛宗風是道吾。
深信高禪知此意，閑行閑坐任榮枯。
——宋．草堂禪師

唐代高僧從諗禪師，因爲久居趙州（今河北省趙縣）觀音院，因此被喚他「趙州禪師」。

一日，兩名雲遊僧到趙州禪師所在的觀音院掛單，恰好與趙州禪師相遇。

趙州禪師問其中一名雲遊僧：「你以前到過這兒嗎？」

僧答：「到過。」

趙州說：「吃茶去。」

趙州禪師又問另外一僧，僧答：「我第一次到這裏來。」趙州禪師說：「吃茶去。」

觀音院住持大惑不解，問道：「來過也吃茶去，沒來過也吃茶去，這是什麼意思？」

趙州禪師大叫一聲：「住持！」

觀音院住持脫口而答：「是！」

趙州禪師說：「吃茶去。」

禪中道義

對於生活，我們應該擁有趙州禪師所主張的「任運隨緣，不涉言路」的態度，只有「遇茶吃茶，遇飯吃飯」，除去一切顛倒攀緣，才是暢快人生的眞諦。因此清代湛愚老人贊道：「『吃茶去』三字，眞直截、眞痛快！」

九、完美人生

無處青山不道場，何須策杖禮清涼。
雲中縱有金毛現，正眼觀時非吉祥。
——軼名

有一位富翁，整日悶悶不樂、愁眉不展。

一天，富翁貼出告示：誰能夠給「完美人生」一個準確答案，將會得到他的巨額獎賞。要求就是：這個答案必須能夠適用在任何一種情況，包括失意、得意、快樂、煩惱、成功、失敗……

幾天裏來了許多人，也給出了許多答案，但沒有一個答案令富翁滿意。

突然有一天，來了一位尼姑。她對富翁說：「三天後，我會給你一個完美而又令你滿意的答案。」

三天後，尼姑獻給富翁一張紙條，只見上面寫著：「一切都會過去。」

禪中道義

人生本來就有起有落、有得有失、有好有壞，這原本是生命的常態，然而這一切終將都會成爲過去。面對生活，待機而動是虛擲光陰、是不可取的行爲。生活是不能等待的，隨時隨地都要隨著因緣際遇鍛煉自己、提升自己。

順逆成敗，都能讓人得到新的經驗和成長，那才是正確的生活態度。禪宗第三祖僧燦大師說：「至道無難，唯嫌揀擇；但莫憎愛，洞然明白。」所以，不必將順逆成敗看得過重：在逆境時，不要自暴自棄；在順境時，也絕不可得意忘形。

十、修行者的苦惱

來時無跡去無蹤，去與來時事一同。
何須更問浮生事？只此浮生是夢中。
——唐．鳥巢禪師

很久以前，一位年輕的修行者，在前往舍衛城參佛的途中，遇到了一位漂亮的姑娘，並不由得動了愛戀之心。

由於後來終日不得見，因此相思成疾，終日茶飯不思病倒了。一同前望舍衛城的修行者們都去探望他，看到他失魂落魄的模樣，都爲他擔心。他們詢問這位年輕修行者爲何茶飯不思時，年輕的修行者就把暗藏在心中的苦惱，一股腦吐露了出來。

同參們雖然都萬分同情他的單相思之苦，但卻都幫不上忙，只能用言語來安慰他。然而，年輕的修行者根本聽不進這些善意的勸慰，大家爲了挽救夥伴，決定將這件事稟告給釋尊。於是，他們將這件事情原原本本向釋尊敘述了一遍。

釋尊知曉內情之後，找到了這位年輕的修行者。令大家難以理解的是，釋尊平靜地對他說：「此事你不必如此憂慮，好好吃飯休息，我一定會幫你實現這個願望的！」

大家都很詫異釋尊的做法，那位年輕的修行者則心花怒放，精神爲之振作起來。在他飽餐一頓之後，跟隨釋尊前往舍衛城。

原來，釋尊帶著他趕往那位少女家。一抵達家門，就聽到從屋裏傳來悲哀的哭泣聲。修行者上前一問，原來他愛慕的那位姑娘在三天前已經去世了。因父母眷愛，捨不得下葬，致使姑娘的屍體已經發出奇臭。

釋尊回顧年輕的修行者，諄諄告誡說：「你迷戀的那位姑娘，現在成了這種模樣。你應當知道萬物無常，生滅變化，瞬息之間，迫不及待的道理。只有愚癡者才只看外表，不顧眞實，才會因此而痛苦自傷。看見美色，內心迷惑；對於無常，心不在焉。以淫樂毀滅自己，無異作繭自縛。智者能夠當機立斷，敢於消除一切苦惱。如果縱情放逸，耽於淫樂，溺於情愛，無異自造牢獄。只有內心覺悟，斷絕淫欲，才能衝破邪欲的牢獄，徹底斷絕生死的苦難。」

年輕的修行者目睹少女腐爛的屍體，又聽到釋尊誠摯懇切的教導，頓時悔悟。他五體投地，向釋尊禮拜表示謝罪。然後跟隨釋尊回到精舍努力修習，終成正果。

禪中道義

人生的每一段緣起緣滅，無不留下歡喜和淚水，遺憾與傷痛。我們只有坦然面對、勇敢接受，才可能撫平傷口。一切隨緣，把命運的強制由無奈轉而為淡然，緣來時，珍視但不躁喜，緣去時，坦然但不留戀。傷感是難免的，只是傷感過後，坦淡地說一句，一切隨緣吧！一切隨緣，人生便可自在逍遙，就不會有什麼事情能拘牽我們的意志和靈魂了。

十一、規勸少婦

過去事已過去了，未來不必預思量。
只今只道即今句，梅子熟時梔子香。
——元．石屋清珙禪師

佛印正坐在船上，與東坡把酒話禪，突然聞聽：「有人落水了！」

佛印馬上跳入水中，將落水人救上了岸。落水人是一位少婦。

佛印問：「你年紀輕輕的，為什麼尋短見？」

「我剛結婚三年，丈夫就遺棄了我，孩子也死了。你說我活著還有什麼意思？」

佛印又問：「三年前你是怎麼過的？」

少婦的眼睛一亮：

「那時我無憂無慮、自由自在。」

「那時你有丈夫和孩子嗎？」

「當然沒有。」

「那你不過是被命運送回到了三年前。現在你又可以無憂無慮、自由自在了。」

少婦揉揉眼睛，恍然一夢。她道了謝後便高興地離開了，以後再也沒有尋過短見。

禪中道義

唐朝澄觀大師曾經說過：「自在本乎其心，心法本乎無住；無住心體，靈知不昧，性相寂然，包含德用，該攝內外，能深能廣。」

生活的境遇，正是自我與外境之間交互作用的結果。如果我「作得了主」，那麼生活就能「轉境」，我們便能夠有效地處理紛繁的事物；待人接物也就貼切得當，自己也就能夠清楚的思考，也就是人們常說的「醒覺」。

醒覺的人不會被欲望、色相、成見所蒙蔽，所以能看到眞實的一面。只要這樣，才能瞭解自己、瞭解別人，更能洞察一切事物，生活也就沒那麼多煩惱了。

十二、山頂有大覺悟

練得身形似鶴形，千株松下兩函經。
我來問道無餘說，雲在青天水在瓶。
——唐．李翱

一日，慧遠禪師對眾位徒弟說：「山的頂峰有大覺悟，你們明日便可動身找尋。」眾弟子一聽，紛紛摩拳擦掌，準備登頂尋求覺悟。

翌日，許多弟子商量好連袂而行，他們天剛拂曉的時候，就帶上充足的食物和水，齊心協力地朝山頂發足狂奔。這些弟子中途累了只是稍作休息，渴了、餓了更是且吃且行，一心只盼望著早些時候到達山頂，得到大覺悟。

唯有一個小和尚，不與眾師兄弟為伍，不慌不忙地獨自而行。登山的過程中，他時而為青山的奇峻秀麗發出由衷的讚歎，時而為鳥兒的自在高翔生出油然的歡呼，心底全然沒有山頂的覺悟。

等小和尚登到頂峰的時候，眾位師兄早已登達了山頂，然而他們卻沒有絲毫地歡呼雀躍的神態，反而各個愁眉不展。小和尚就問：「眾位師兄，你們怎麼如此犯愁呢？」眾師兄告訴他：「我們找了半天，山頂根本沒有師父所說的覺悟啊。」

眾僧下山後，慧遠禪師說道：「覺悟不在終極，而在當下。山頂的覺悟虛無縹緲，沿途的覺悟才能收穫於己心。」小和尚此時方有所領悟。

禪中道義

生活如禪，只有沿途可以擷取的幸福，才是眞的幸福，何必步履匆匆地追求虛無縹緲的幸福呢？走路要腳踏實地，目標也要一個一個地實現，不要三心二意，幻想著成功可以一蹴而就。

世界上本沒有大事和小事之分，只有一件事，那就是「實事」。不要盲目地認爲自己一生下來就是幹大事的人：如果我們不學會走路，永遠也享受不到奔跑的滋味。

當然，我們可能從小就立下了鴻鵠之志，長大後的情況卻往往事與願違。人們總說「好男兒志在四方」，然而連成功的第一步都無法跨出去，「志在四方」也就僅是一句安慰自己的空話罷了！

十三、命在呼吸間

莫笑風塵滿病顏，此生原在有無間。
卷舒蓮葉終難濕，去住雲心一種閑。

——唐·元稹

一天，佛陀等弟子們化緣歸來後，問他們道：「弟子們！你們每天忙忙碌碌托缽化緣，究竟是爲了什麼呢？」

弟子們雙手合十，恭聲答道：「佛陀！我們是爲了滋養身體，以便長養色身，來求得生命的清淨解脫啊。」

佛陀用清澈的目光環視著弟子們，又沉靜地問道：「那麼，你們且說說肉體的生命究竟有多長久？」

「佛陀！芸芸眾生的生命，平均起來不過幾十年的光陰。」一個弟子充滿自信地回答。佛陀搖了搖頭：「你並不瞭解生命的眞相。」

另一個弟子見狀，充滿肅穆地說道：「人類的生命就像花草，春天萌芽發枝，燦爛似錦；冬天枯萎凋零，化爲塵土。」佛陀露出了贊許的微笑：「嗯，你能夠體察到生命的短暫迅速，但對佛法的瞭解僅限於表面。」

又有一個無限悲愴的聲音說道：「佛陀！我覺得生命就像浮游蟲一樣，早晨才出生，晚上就死亡了，充其量只不過一晝夜的時間！」

「嗯！你對生命朝生暮死的現象能夠觀察入微，對佛法已有了深入肌膚的認識，但還不夠究竟。」

在佛陀的不斷否定、啓發下，弟子們的靈性越來越被激發起來。又一個弟子說：「佛陀！其實我們的生命跟朝露沒有兩樣，看起來不乏美麗，可只要陽光一照射，一眨眼的功夫它就乾涸消逝了。」

佛陀含笑不語。弟子們更加熱烈地討論起生命的長度來。這時，只見一個弟子站起身，語驚四座地說：「佛陀！依弟子看來，人命只在一呼一吸之間。」

語音一出，四座愕然，大家都凝神地看著佛陀，期待佛陀的開示。

「嗯，說得好！人生的長度，就是一呼一吸。只有這樣認識生命，才是眞正體證了生命的精髓。弟子們，你們切不要懈怠放逸，以爲生命很長，像露水有一瞬，像浮游有一晝夜，像花草有一季，像凡人有幾十年。生命只是一呼一吸！應該把握生命的每一分鐘、每一時刻，勤奮不已，勇猛精進！」

禪中道義

人們往往在生與死的抉擇中，才能體會到生命的意義，才會明白活著的價值，不要將自己的生命浪費在那些沒有絲毫義的事情上，要抓住每分每秒可以利用的時間充實自己。

生命只在呼吸間。缺少那一口氣，生命就消失。心生的一念可以令人存活，卻也可以讓人死亡。生命是如此短暫、甚至轉瞬即逝，不要爲某些生活的煩惱和不如意就尋死覓活。要知道在任何情況下，死根本不是解決問題的方法，而是在推卸自己的責任。孱弱的人、承擔不起責任的人，才會想到尋死。

我們要活，而且要很好地活著，讓生命的每一分鐘都能綻放出我們的價值，成爲生活的強者、享受生活。

十四、玩遊戲的老和尚

忙處須閑淡處濃，世情疏後道情通。
了然得旨青冥外，兀爾虛心罔象中。
——宋．永明延壽禪師

一個人看見一個老和尚在和一群孩子用堅果玩遊戲，就取笑他是個瘋子。這位老和尚發現有人在嘲笑自己，就在路中放了一把鬆了弦的弓。然後，他問：「聰明人，你猜猜看，我這麼做是什麼意思！」

四周的人逐漸圍攏過來。那人苦思了很久，也沒弄明白老和尚的意思。他只好認輸，向老和尚求教。

老和尚解釋說：「如果你老是把弦繃得太緊，弓很容易就會折斷；可是，如果你把它放鬆了，要使用時就能拉弓上弦了。」

禪中道義

生命的步履就像河流的奔湧，有急有緩，既有「星垂平野闊，月湧大江流」的舒緩容與，又有「亂石穿空，驚濤拍岸，捲起千堆雪」的激烈緊迫。一張一弛，才是生活之道。哪能一味的急迫，一味的悠忽？一味的急迫，生命就顯得狹窄；一味的悠忽，生命就顯得虛無。只有坦然，張弛有度，才得人生三昧。

然而，人們在自我實現的過程中，總是不斷地壓迫自己向前、向前、再向前。有時候，失敗不是缺乏自信，也不是缺乏時機，更不是缺乏才華。過多的壓力才是其眞正的根源。適時地放鬆自己繃緊的心弦，成功也會隨之變得輕鬆起來。

十五、得不到和已失去

不是眾生不是相，春暖黃鶯啼柳上。
說盡山河海月情，依前不會還惆悵。
休惆悵，萬里無雲天一樣。

——唐．大川禪師

以前有個鍾靈寺，每天都有許多人上香拜佛，香火甚旺。在鍾靈寺的橫樑上住著一隻蜘蛛，由於蜘蛛每天都受到虔誠的祭拜和薰陶，便有了佛性。

經過一千多年的修煉，蜘蛛的佛性增加了不少。一千年後忽然有一天，佛祖光臨了鍾靈寺，看見這裏香火甚旺十分高興，離開寺院的時候不經意地抬頭，看見了橫樑上的蜘蛛。佛祖停下來，問這隻蜘蛛：「你我相見實在算是一種緣分，我便出個題目讓你參悟：世間什麼才是最珍貴的？」蜘蛛想了想，回答到：「世間最珍貴的莫過於『得不到』和『已失去』。」佛祖點了點頭，離開了。

就這樣又過了一千年，蜘蛛依舊在鍾靈寺的橫樑上接受著薰陶，它的佛性大增。一日，佛祖又來到寺前，對蜘蛛說道：「一千年前的問題，可有什麼更深的認識嗎？」蜘蛛說：「我還是覺得世間最珍貴的是『得不到』和『已失去』。」佛祖說：「你再好好想想，我會再來找你的。」

又過了一千年，一天，刮起了大風，風將一滴甘露吹到了蜘蛛網上，蜘蛛望著甘露很開心，它覺得這是三千年來最開心的幾天。沒過幾日又刮起一陣大風，將甘露吹走了。蜘蛛一下子就感覺失去了什麼，很寂寞難過。這時佛祖又來了，問蜘蛛：「蜘蛛，這一千年你可好好想過這個問題：世間什麼是最珍貴的？」蜘蛛想到了甘露，對佛祖說：「世間最珍貴的是『得不到』和『已失去』。」佛祖說：「好，既然你有這樣的認識，我讓你到人間走一遭，真正體會一下吧」。

就這樣，蜘蛛投胎到一個官宦家庭，做了富家小姐，父母為她取了個名字叫珠兒。一晃，珠兒到了十六歲了，已經成了個婀娜多姿的少女。

有一日，新科狀元甘鹿進見，皇帝決定在後花園爲他舉行慶功宴。來了許多官家小姐，其中包括珠兒，還有皇帝的女兒長風公主。新科狀元在席間表演詩詞歌賦，大獻才藝，在場的少女無一不被他折倒。但是，珠兒一點也不緊張，因爲她知道這是佛祖賜給她的因緣。

說來很巧，沒過多久，珠兒陪同母親上香拜佛時，正好碰上了同樣陪同母親上香的甘鹿。上完香，二位長者在一邊說上了話。珠兒和甘鹿便來到走廊上聊天，珠兒很開心，終於可以和喜歡的人在一起了。但是，甘鹿並沒有表現出對她的喜愛。珠兒對甘鹿說：「你難道不曾記得十六年前鍾靈寺的蜘蛛網上的事嗎？」甘鹿很詫異，說：「你很漂亮，也很討人喜歡，可是你說的事情我一點都不明白。」說罷就和母親離開了。

珠兒回到家心想，佛祖既然安排了這場因緣，爲何不讓他記起那件事，甘鹿爲何對自己沒有喜歡的感覺呢？

幾天後，皇帝下詔，命新科狀元甘鹿和長風公主完婚，珠兒和太子完婚。這消息如同晴空霹靂，她怎麼也想不通，佛祖竟然會如此待她。

幾日來，珠兒不吃不喝，苦思冥想不得其解——靈魂即將出竅，生命危在旦夕。太子知道了，急忙趕來，撲倒在床邊，對奄奄一息的珠兒說：「我對你一見鍾情，我苦求父皇，他才答應。如果你死了，那麼我也就不活了。」說著就拿起了寶劍準備自刎。

就在這時，佛祖來了，他對快要出竅的珠兒靈魂說：「蜘蛛，你可曾想過甘露是由誰帶到你這裏來的？是風帶來的，最後也是風將它帶走的，甘鹿是屬於長風公主的。他對你不過是生命中的一段插曲。而太子則是當年鍾靈寺門前的一棵小草，他看了你三千年，愛慕你三千年，但你卻從沒有低下頭看過它。蜘蛛，我再來問你：世間什麼才是最珍貴的？」蜘蛛聽到了這些眞相後，好像一下大徹大悟了，她對佛祖說：「世間最珍貴的不是『得不到』和『已失去』，而是現在能把握的幸福」。剛說完，佛祖就離開了。珠兒的靈魂也回位了。她睜開眼睛，看到了正要自刎的太子，她馬上打落寶劍，和太子深深的擁抱在一起……

禪中道義

人們常犯這樣一個毛病：只知道看已損失的，不懂得珍惜手上握有的。正因爲如此，所以才會有許多失望和不如意。

人生本來就不是要你去過那種苦悶的生活，而是要你去過喜悅現實的生活。所以你必須懂得禪家的心傳——眞空妙有。放下一切憤懣和沮喪，放下虛妄的欲望，放下一切無謂的煩惱，回過頭來，看看自己現在是什麼、有什麼，你就會發現「妙有」的富藏。生活是一種最豐厚的投資，只要你把現有的能力加以發揮，它就會產生無限的利潤。

十六、處處皆可佈施

無去無來本湛然，不居內外及中間。
一顆水精瀉暇翳，光明透出滿人間。
——唐・拾得禪師

老和尚帶著一大一小兩個徒弟在寺院裏修行。

有一天，老和尚分派兩徒弟到指定的地方去佈施。於是，兩人各領了一部分財物便匆匆上路了。

行至中途連遭大雨，師兄弟倆依舊風雨兼程。沒走幾日，不料有一條大河攔住了他們的去路，河面上的橋已被洪水沖塌，河中也沒有任何船隻過往。師兄堅持帶著財物返回寺院，師弟則主張就地佈施，師兄弟只好分路而行。大徒弟帶著財物原路返回，一進寺院就去見老和尚，並稟報了途中所遇。老和尚雙眼緊閉，只是低低地哦了一聲，就打發他去休息了。

幾天後，小徒弟佈施完回到寺院，老和尚一見他便問：「你佈施完了嗎？」小徒弟雙手合十，恭恭敬敬地回答：「師傅，弟子已完成佈施。」老和尚繼續追問：「那你去哪兒佈施的？是不是我指定的地方？」小徒弟並沒有直接解釋，而回答說：「弟子佈施的地方不是師傅指定的地方，但遵照師傅的意願，已把所帶財物佈施給了最需要幫助的人了。」老和尚非常滿意小徒弟的回答，不久就讓小徒弟繼承了自己的衣鉢。

禪中道義

每個人生命中至少會有一個遠大的目標，但當這個目標因為某些原因無法實現時，是放棄，還是換種方式將它實現呢？

放棄既是對自己能力的否定，同時也是失敗的代言詞；與其如此，不如在自己力所能及的範圍內，再設定一個接近的目標並將之實現。

十七、法師挑水

我向前溪照碧流，或向岩邊坐磐石。
心似孤雲無所依，悠悠世事何須覓。
——唐．寒山禪師

年輕人跋山涉水去尋找生活的眞正意義，他總覺得自己的付出得不到回報，把大好的青春都浪費了。

年輕人來到一座山下，看見一位法師往山上挑水，並且他還發現法師的兩隻水桶漏水，雖然漏得不多，但一路上滴滴答答也要失去半桶。年輕人不解地問道：「法師，你的桶爲什麼不修理一下？這樣漏水多浪費啊！」

「你放心，所有的熱情都不會浪費，更何況我灑的是珍貴的水。」法師微笑著說。

半年後，當年輕人身心疲憊地返回，又走在村莊的路上時，他的眼睛一亮。原來，法師走過的地方開滿了鮮豔的花朵。

禪中道義

事實就是這樣的，只要我們付出了，就一定會有收穫。當然，收穫的不全是成功的果實，也有挫折的痛苦。不管相信與否，我們就是在成與敗的經歷中逐漸成長起來的。

十八、安心、懺罪與解脫

放出溈山水牯牛，無人堅執繩鼻頭。
綠楊芳草春風岸，高臥橫眠得自由。
——唐．百丈懷海禪師

太和十年的十二月，河南嵩山大雪紛紛，天地蒼茫，一片銀裝素裹。有一位名叫神光的禪師爲了求法，不避嚴寒，冒著風雪來到了嵩山少林寺。他要拜訪的是那位不遠萬里，泛海東來的印度高僧菩提達摩。

當神光禪師來到達摩的面壁岩洞時，達摩祖師正在神遊太虛，修習禪定。神光不敢打擾，便肅立在風雪之中，靜待達摩從定中醒來。室外的大雪紛飛，不久神光禪師身上便披滿了白雪，儼然成了雪人。

達摩祖師自定中悠悠醒覺，見到神光禪師靜立雪中，便問：「你一直站在雪裏幹什麼，究竟有什麼心願？」神光回答：「願師父您教我佛法。」菩提達摩說：「三世諸佛為求無上妙道，不惜花費千萬劫的時間去修行。憑你這點決心就想得到佛法，恐怕是很難如願的。」

神光見達摩不肯傳法，便揮刀斬掉自己的左臂，以明自己求道的決心。達摩祖師見神光的求道之心如此堅決，為之感動，便收下這位立雪斷臂的弟子。

那時，神光問達摩祖師說：「弟子心中不安，請師父為弟子安心。」達摩回答：「你拿心來吧。只要你把心拿來，我便與你安心。」

神光心中一楞，突然悟到了很多，立即回答：「弟子找了好久，可就是找不出心來。」達摩祖師微微一笑，說：「假如你能找到的話，那又怎能算是你的心呢？好了，我已給你安好心了，你知道了嗎？」神光心中的不安經達摩一問，早就消失了，他高興萬分，連忙回答：「弟子明白了。」

禪中道義

「不安、罪孽、束縛」，一切感受都不過是人的一種心境。看不透，人便會爲之牽累，終日痛苦不堪；若看透了，則可超越它們，過一種逍遙自在的快樂生活。

人生於世，誰能沒有痛苦、不安、抑鬱和憂愁，各種束縛限制必會縈繞在你的周圍，伺機在你心中掀起巨浪波濤。倘若沉溺其中，爲之所累，那樣的人生還有何歡樂可言。「睹諸善惡境相，自心不亂」。一個能自制的人，才是眞正屬於自己，獲得不被外在環境所動的眞正自由。

十九、大和尚罵徒弟

一年春盡一年春，野草山花幾度新。
天曉不因鐘鼓動，月明非為夜行人。
——宋．雲蓋智本禪師

一位修行多年的大和尚，為小沙彌解釋功課上的難題，對他的學習態度與效果很不滿意，但仍心平氣和地加以鼓勵。

「徒兒，你並不笨。」

小沙彌說：「師父，我覺得自己好笨！」

大和尚還是委婉地細聲安慰道：「不，你不笨。」

「不，我是笨。」小沙彌說。

「不是，你不笨的。」大和尚輕拍著小沙彌的肩膀。

小沙彌依然懊惱：「不，我才眞笨。」

如此這般，說不清楚……

最後，大和尚勃然大怒，滿臉通紅，大聲咆哮著：「笨蛋！你根本就不笨。」

禪中道義

兩怒無不成之禍，兩悔無不釋之憾；是的，我們不能歡樂時，何妨做到明智；我不能開心時，何妨做到隨和。

「天行有常，不爲堯存，不爲桀亡」，大自然的變化有自己的規律，並不以我們的意志爲轉移。因此，對不能補救的事，何不使自己知足；對不能糾正的事，何不使其順其自然。

二十、修行

流水下山非有意，片雲歸洞本無心。
人生若得如雲水，鐵樹開花遍界春。
——宋．此庵守淨禪師

有一位禁欲苦行的修行者，準備離開他所住的村莊，到無人居住的山中去隱居修行，他只帶了一塊布當作衣服，就一個人到山中居住了。

後來他想到當他要洗衣服的時候，他需要另外一塊布來替換，於是他就下山到村莊中，向村民們乞討一塊布，村民們都知道他是虔誠的修行者，於是毫不猶豫地就給了他一塊布，當作換洗用的衣服。

當這位修行者回到山中之後，他發覺在他居住的茅屋裏面有一隻老鼠，常常會在他專心打坐的時候，來咬他那件準備換洗的衣服。他早就發誓一生遵守不殺生的戒律，因此，他不願意去傷害那隻老鼠。但是他又沒有辦法趕走那隻老鼠，所以他回到村莊中，向村民要一隻貓來飼養。

得到了貓之後，他又想到了：「貓要吃什麼呢？我並不想讓貓去吃老鼠，但總不能跟我一樣只吃一些野菜吧！」

於是他又向村民要了一隻乳牛，這樣，那隻貓就可以靠牛奶維生了。

但是，在山中居住了一段時間以後，他發覺每天都要花很多的時間來照顧那隻母牛，於是他又回到村莊中，找了一個可憐的流浪漢，帶他到山中居住，幫著他照顧乳牛。

流浪漢在山中居住了一段時間之後，他跟修行者抱怨：「我跟你不一樣，我需要一個太太，我要正常的家庭生活。」

修行者想想覺得有道理，他不能強迫別人一定要跟他一樣過著禁欲苦行的生活。

就這樣，到了後來，整個村莊都搬到山上去了。

「參禪何須山水地，滅卻心頭火亦涼」。寧靜，只要自己息下妄緣、拋開雜念，哪裡不可寧靜呢？深山古寺，如果自己妄想不除，就算住在深山古寺，一樣無法修持。

生活也是如此地矛盾：人們花了很多時間爭取財富，卻少有時間享受；人們擁有越來越大的房子，卻是越來越少的人住在家裏；擁有盤古開天闢地以來最多的自由，但卻一點不快樂。爲什麼？這些只源於人們缺少一顆安靜下來的心。

二十一、一切隨緣

三間茅屋從來住，一道神光萬境閑。
莫把是非來辨我，浮世穿鑿不相關。
——唐．潭州龍山禪師

蘇東坡和秦少遊一起外出，在飯館吃飯的時候，一個全身爬滿了蝨子的乞丐上前來乞討。

蘇東坡看了看這名乞丐，對秦少遊說道：「這個人眞髒，身上的污垢都生出蝨子了！」

秦少遊則立即反對道：「你說的不對，蝨子哪能是從身上的污垢中生出，明明是從棉絮中生出來的！」兩人各執己見，爭執不下，於是兩個人打賭，並決定請他們共同的朋友佛印禪師當評判，賭注是一桌上好的酒席。

蘇東坡和秦少遊私下分別到佛印那兒請他幫忙。佛印欣然允諾了他們。兩人都認爲自己穩操勝券，於是放心地等待評判日子的來臨。評判那天，佛印不緊不慢地說道：「蝨子的頭部是從污垢中生出來的，蝨子的腳部卻是從棉絮中生出來的，所以你們兩個都輸了，你們應該請我吃宴席。」聽了佛印的話，兩個人都哭笑不得，卻又無話可說。

佛印接著說道：「大多數人認爲『物』是『物』、『我』是『我』，然而正是由於『物』、『我』是對立的，才產生出了種種矛盾與差別。在我的心中，『物』與『我』是一體的，外界和內界是完全一樣的，它們是完全可以調和的。好比一棵樹，同時接受空氣、陽光和水分，才能得到圓融的統一。管它蝨子是從棉絮還是污垢中長出來，只有把『物』與『我』的衝突消除，才能見到圓滿的實相。」

禪中道義

人活著，要做的事情很多，奢望每一件都能按自己的設想發展結局，是根本不可能的！過分地執著，終會生出煩惱，終生疲憊。外在的風雨，終有停止的一刻，但我們內在的風雨，何時才能歸於平靜？一切的羈戀苦求無非徒增煩惱，只有一切隨緣，才能平息胸中的風雨。

隨緣，是一種心態，或是一種生活態度。一切隨緣，會得到一個新的開端，忘懷逝去的，爭取未來的。

二十二、洪川寫字

偶來松樹下，高枕石頭眠。
山中無曆日，寒盡不知年。

——太上隱者

在圓覺寺的正門上，有「第一義諦」四個大字。這是當年洪川禪師寫就的書法珍品。

當年洪川禪師寫這四個字的時候，有一位性格坦率的弟子，不知爲他磨了多少墨汁，對他進行了多少批評。

「這幅寫得不好，」洪川禪師在寫了第一幅後，弟子批評道。

「這一幅呢？」

「比第一幅還差。」這位弟子更坦率地答道。

洪川禪師耐著性子——連寫了八十四幅「第一義諦」的字畫，卻始終得不到這位坦率弟子的贊許。

最後，在他這位弟子出門的片刻間。洪川禪師心想；「這下我可避開他那銳利的眼光了。」於是，在心無所羈的情況下，大筆揮就了「第一義諦」四個大字。

他的弟子回來看了後，驚訝地說道：「眞是神品！」

禪中道義

許多人之所以覺得活得很累，正是由於「心累」所致。大部分的「心累」情況，都是人爲地在自己的思想上加壓造成的——我們凡事太在意了，太在意鄰里無意的評足，太在意同事間的小摩擦，太在意上司偶爾的責罵，太在意愛人一時的賭氣。

透視瑣事、忘卻不幸、藐視挫折，這何嘗不是一種心靈的釋放、人生的昇華呢。

二十三、紫金缽

坐看黑雲銜猛雨，噴灑前山次獨晴。
忽驚雲雨在頭上，卻是山前晚照明。
——唐．崔道融

從前有一位名叫金碧峰的高僧，他有很深的禪定功夫。他禪定功夫已經到達無念的境界，只要一入定，任何人都找不到他。

有一天，皇帝送他一個紫金缽。他心裏非常高興歡喜，於是對缽起了貪愛之念。

一日，金碧峰的陽壽將盡，閻羅王便派了兩個小鬼前來鎖命，可是任他們東尋西找，就是找不到金碧峰的魂魄！

兩小鬼不知道該怎麼辦。於是去找「土地公」幫忙，「土地公」對小鬼說：

「金碧峰已經入定了，你們根本找不到他的。」

兩小鬼央求「土地公」為他們出個主意幫幫它們，否則回去沒法向閻羅王交差。

「土地公」想一想，說：「金碧峰他什麼都不愛，就愛他的紫金鉢，如果你們想辦法找到他的紫金鉢，輕輕地彈三下，他自然就會出定。」

於是，兩個小鬼東找西找，找到了紫金鉢，輕輕地彈了三下。

當紫金鉢一響，果然，金碧峰出定了！說：「是誰在碰我的紫金鉢。」

小鬼就說：「你的陽壽盡了，現在請你到閻王爺那兒去報到。」

金碧峰心想：「糟了！自己修行這麼久，結果還是不能了脫生死，都是貪愛這個鉢害的！」

於是，就跟小鬼商量：「我想請幾分鐘的假，去處理一點事情，處理完後，我馬上就跟你們走。」

小鬼說：「好吧！就給你幾分鐘。」

於是，金碧峰將紫金缽往地上一摔，砸得粉碎。然後，雙腿一盤，又入定去了。這一回，任兩個小鬼再怎麼找，也找不到他了。

禪中道義

無念，不是沒有念。沒有念，就會停止一切思維活動，如同枯樹、死水一般。無念，是沒有邪念，指「對物不起心，對境不生念」。

無念，是去掉邪念，具足正念，是以眞如自性之念觀照自身，出入塵勞而無牽無掛，進退俗務而自由自在。

無念，不是著意去除自然之念，不是抑制自發的意識活動，而是不依境起、不隨法生，強調眞如佛性的自然發揮或心靈的直接感受。

二十四、只管睡去

空手把鋤頭，步行騎水牛。
人在橋上過，橋流水不流。
——南北朝．善慧大士

滴水禪師死前三日，峨山禪師隨侍床側。在此之前，滴水禪師早選定峨山禪師作爲他的衣缽繼承人了。

當時寺中恰有一座廟宇被天火焚毀不久，峨山禪師正忙著予以重建。因此滴水禪師問他：「廟宇建好後，你要做什麼？」

「等你病好了，請你去說法。」峨山禪師答道。

「假如我活不到那一天呢？」

「我們可請別人。」峨山禪師答道。

「假如你找不到人呢？」滴水禪師復問。

峨山大聲答道：「不要問這些無謂的問題了。只管睡去吧！」

禪中道義

生活在這個緊張複雜的工業社會，想要保持恒常的清淨，並不是那麼容易，所以要學會如何排遣憂悶、獲得自在，是一件非常重要的事情。

CHAPTER 02

第二輯 菩提本無樹

「佛說：『你的心上有塵。我用力地擦拭。』
佛說：『你錯了，塵是擦不掉的。我於是將心剝了下來。』
佛又說：『你又錯了，塵本非塵，何來有塵』」。
上面的對白恰是——
「菩提本無樹，明鏡亦非台，本來無一物，何處惹塵埃。」
這句話的客觀體現。
佛是對的：念由心生，事情做得正確與否，
完全由發自內心的「念」所決定。
若想端正自己的行爲、改掉自己的弊病，
就必須從消滅內心的誤念開始。

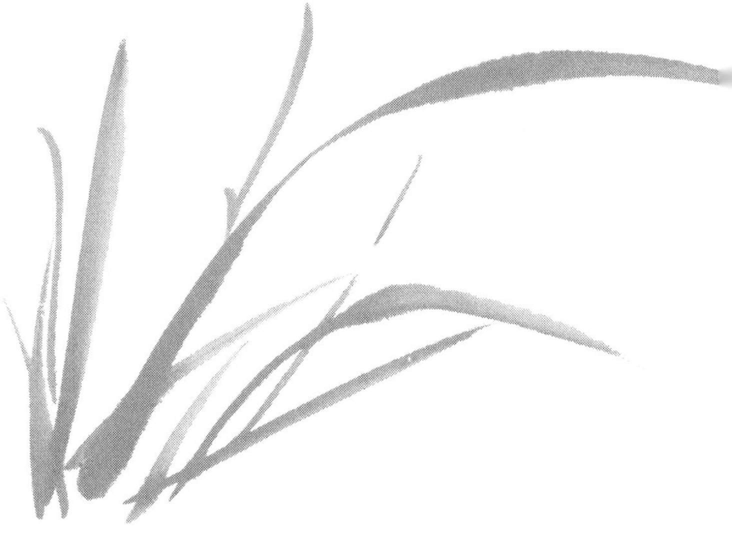

一、心無外物

浩浩世途，是非同軌，齒牙相軋，波瀾四起。公獨何人，心如止水。

——唐．白居易

印度的三藏法師自詡神通，他來到慧忠禪師面前，與他驗證。

慧忠謙抑地問：「久聞您能夠了人心跡，不知是否屬實？」

三藏法師答道：「只是些小伎倆而已！」

慧忠於是心中想了一件事，問道：「請看老僧現在身在何處？」

三藏運用神通，查看了一番，答道：「高山仰止，小河流水。」

慧忠微笑著點頭，將心念一轉，又問：「請看老僧現在身在何處？」

三藏又做了一番考察，笑著說：「禪師怎麼去和山中猴子玩耍了？」

「果然了得！」慧忠面露嘉許之色，稱讚過後，隨即將風行雨散的心念收起，反觀內照，進入禪定的境界，無我相、無人相、無世間相、無動靜相，這才笑吟吟地問：「請看老僧如今在什麼地方？」

三藏神通過處，只見青空無雲、水潭無月、人間無蹤、明鏡無影。

三藏使盡了渾身解數，天上地下徹照，全不見禪師心跡，一時惘然不知所措。

慧忠緩緩出定，含笑對三藏說：「閣下有通心之神力，能知他人一切去處，極好！極好！可是卻不能探察我的心跡，你知道是爲什麼嗎？」

三藏滿臉迷惑。

慧忠禪師笑著說：「因爲我沒有心跡，既然沒有，如何探察？」

無論你的心跡藏得有多深，只要存在，別人就可以探察到。只有心無外物，才能讓人無所察覺。

禪中道義

在世事繁雜中豁然不驚，把養心、安神、怡情化作涓涓細流，淌入心田，會將我們的人生變成蔥郁的風景，在安然、寧靜中怡然自得地度過。

二、一切皆空

義公習禪寂，結宇依空林。
戶外一峰秀，階前眾壑深。
夕陽連雨足，空翠落庭陰。
看取蓮花淨，方知不染心。

——唐．孟浩然

山岡鐵舟禪師還未得道之前，到處參訪名師。一天，他見到了相國寺的獨園和尚。

為了顯示他現在的悟境，山岡鐵舟禪師頗為得意地對獨園說道：「心、佛以及眾生，三者皆空。現象的眞性是空。無悟、無迷、無聖、無凡、無施、無受。」

當時獨園和尚正在抽煙，未曾答腔。但他突然舉起煙筒將鐵舟禪師打了一下，使得這位年輕的禪者甚爲憤怒。

「一切皆空，」獨園和尚問道，「哪兒來這麼大的脾氣？」

禪中道義

佛家有云：「內心常看圓滿，天下便再無缺陷之世界。」有什麼樣的心境，就有什麼樣的人生。如果一個人無法擺脫煩惱、失敗的糾纏，便會終日苦惱、怨天尤人，沒有快樂的時候。

三、無明火起

舊竹生新筍，新花長舊枝。
雨催行客到，風送片帆歸。
竹密不妨流水過，山高豈礙白雲飛。
——唐・大川禪師

南陽慧忠禪師是一位很有名的得道高僧，稟受六祖慧能法脈，隱居南陽白崖山黨子谷四十餘年。

明代宗大曆三年，詔南陽慧忠禪師入宮傳法。當時，代宗手下有一位奇異之士，能掐會算，自稱太白山人，代宗對他極為尊敬。

兩位高人會集，代宗便有意讓二位見上一面，以分高下。

俗話說：「文無第二，武無第一。」慧忠禪師與太白山人一見面，兩人便互相考較起來。慧忠禪師問道：「不知太白山人擅長何術？」

太白山人回答：「知山知地知人文，算生算死算萬物。本人精於演算法，無所不知，無所不曉。」

慧忠禪師微微一笑，道：「那麼我問你，你所住的山是雄山還是雌山？」這可是從未有過的問題，山還有雄雌之分嗎？太白山人聽都沒聽過，一時茫然，不知如何回答是好。

慧忠禪師不給他喘息之機，又問道：「殿上此地是何地？」

太白山人回答：「容我掐算一下。」

慧忠禪師道：「不用算了，你既識字，且看我寫的是什麼？」說罷，隨手在地上劃了一筆。太白山人立即回答：「是一。」

慧忠禪師道：「在土上寫一筆，難道不是『王』字嗎？你所站的地方是王地，這還用算才知道嗎？」

慧忠禪師又問：「三七是多少？」

太白山人回答：「是二十一。」

慧忠禪師道：「難道就不能是『十』嗎？」

慧忠禪師隨即對代宗說：「這個人，問山不知山，問地不知地，問字不知字，問算不知算。陛下，從哪兒弄來了這麼個活寶。」

代宗隨即對太白山人說：「慧忠禪師才是眞正的國寶呢！」二人相視，莫不哈哈大笑。太白山人也被慧忠禪師的風趣機敏所傾倒，佩服得五體投地。

然而，慧忠的言詞卻令殿上的魚朝恩氣憤不已。魚朝恩自負精通佛法，卻沒見過慧忠禪師這樣談吐機敏的佛門人物。他心想：慧忠名爲高僧，卻靠賣弄口舌取悅於人，莫不是欺世盜名之徒吧？他也想當眾賣弄自己的學問，便昂首闊步來到慧忠跟前，問道：「請問禪師，佛法所謂的『無明』是什麼？無明從何而起？你既是當世名僧，對這個問題自該有些心得吧？」

魚朝恩的問話內含譏諷之意，慧忠禪師焉能聽不出來，便回答說：「人快死的時候，滿臉衰相畢現，這時即便是奴才，也會問學佛法了。」魚朝恩一聽慧忠禪師竟敢侮罵自己，不禁大怒。慧忠禪師卻微微一笑道：「大人，這就是無明，無明就是從此而起的。」

禪中道義

有的人對生命有太多的苛求，弄得自己生活在筋疲力盡之中，從沒體會過幸福和欣慰的滋味，生命也因此局促匆忙，憂慮和恐懼時常伴隨，一輩子實在是糟糕至極。

須知月圓月虧皆有定數，豈是人力所能改變的？不如放下，給生命一份從容，給自己一片坦然。

四、自己嚇自己

千尺絲綸直下垂，一波才動萬波隨。
夜靜水寒魚不食，滿船空載月明歸。
——唐．德誠禪師

一天夜裏，一位老和尚出門下臺階時，忽然覺得腳下踩了一個東西，只聽「呱唧」一聲，便兀自尋思：那一定是一隻青蛙，讓自己給踩死了，罪過！罪過！半夜，這位老和尚便夢見無數隻青蛙來向他討命，咬他的腳，拽他的衣服。老和尚大叫著驚醒，趕快喊來各位徒弟一起到佛前念經悔過。不一會兒，他又覺全身滾熱，呼喚徒弟去烹茶解渴，一夜未得安寧，只說是青蛙搞鬼。

第二天清早，老和尚的一名徒弟打掃寺院時，發現臺階下有一個被踩扁了的茄子。才知道師父昨天所說的蛙，就是這支茄子。

於是小和尚提著這支扁茄子來見師父。老和尚不覺一笑，渾身立刻變得清涼舒坦，一下子就從床上起來了。

禪中道義

沒事自己嚇自己、自己給自己找煩惱是世間一大通病——剛剛有點頭痛腦熱，便懷疑是肺結核、愛滋病，大禍臨頭，寢食不安，直到去醫院拿回兩包感冒藥方安心；別人稍一不經意間得罪了自己，便懷疑那人故意與自己為難，並且把許多年前發生的事都跟這聯繫起來，然後更加氣惱不堪。

與其這樣，倒不如放鬆心情、遇事少費心機為好，否則只能是徒增煩惱、自找麻煩。

五、意念便是轉機

萬丈洪崖倚碧空，人間有路行不通。
奈何一點雲無礙，舒卷縱橫疾似風。

——宋．兜率從悅

有兩個人從鄉下來到城市，幾經磨難，終於賺了很多錢。後來年紀大了，就決定回鄉下安享晚年。在他們回鄉的路上，佛祖裝扮成一位白衣老者，手拿一面銅鑼，在那裏等他們。

他們說：「您在這做什麼？」

佛祖說：「我是專門幫人敲最後一聲銅鑼的人。你們兩個都只剩下七天的生命，到第七天黃昏的時候，我會拿著銅鑼到你們家的門外敲，你們一聽到鑼聲，生命就結束了。」

講完後，佛祖便消失不見了。

這兩人一聽完後就愣住了：在城市裏辛苦了那麼多年，賺了這麼多錢，要回來享福了，沒想到卻只剩下七天好活的日子了。

兩人各自回家後，第一個人從此不吃不喝，每天心想：「怎麼辦？只剩七天可活！」他就這樣垂頭喪氣，面如死灰，什麼事也不做，等著那個老人來敲銅鑼。

他一直等，等到第七天的黃昏，整個人已如泄了氣的皮球。

終於，那個老人來了，拿著銅鑼站在他的門外，「鏘」的敲了一聲。一聽到鑼聲，他就立刻倒下去，死了。

爲什麼呢？因爲他一直在等這一聲，等到了，也就死了。

第二個人心想：「太可惜了，賺了那麼多錢，只剩下七天可活。我自小就離家，從沒爲家鄉做過什麼，我應該把這些錢拿出來，分給家鄉所有苦難和需要幫助的人。」

於是，他把所有的錢都分給了窮苦的人，又鋪路又造橋，光是處理這些就讓他忙得不得了，哪還記得七天以後的銅鑼聲。

到了第七天，他才把所有的財產都散光了。村民們都很感謝他，於是就請了銅鼓戲到他家門口來慶祝，場面非常熱鬧，舞龍舞獅，又放鞭炮，又放煙火。

到了第七天黃昏，佛祖依約出現，在他家門外敲銅鑼。他敲了好幾聲銅鑼，可是大夥全都沒聽到，佛祖知道再怎麼敲也沒用，只好走了。

這個有錢人過了好多天才想起老人要來敲鑼的事，心裏還納悶：「怎麼他失約了？」

禪中道義

當一個人處於絕望的時候，若能展現積極樂觀的一面，承擔眼前的一刻，不再擔心以後的事情，就不必怕哪一天銅鑼會響，也不必特別去聽那一聲銅鑼的聲音。絕望將不再是絕望，卻反而可能是另一個轉機呢！

六、心驚

外我無身是大身，若留淨土即留塵。
然燈吩咐莊嚴地，掛角羚羊何處尋。
——南懷瑾

有位征戰多年的老將軍，很喜歡古玩字畫。

有一天，老將軍在家中把玩他珍藏的一個很昂貴的杯子時，一不小心，手上的杯子順手脫落。

「哎呀！」老將軍大驚失色，立即撲倒在地，在杯子落地前緊緊地接住了它。看見杯子在手中安然無事，老將軍驚出的一身冷汗才逐漸褪去。

老將軍覺得有些迷惑，他捧著杯子呆呆地想：過去我帶領千軍萬馬、出生入死地征戰沙場，都未曾害怕過，如今卻為了一隻杯子驚嚇成這樣？

良久，老將軍終於悟通了，於是他隨手就將杯子扔向了地面、摔得粉碎。

老將軍到底悟到了什麼呢？

老將軍想：人若有了愛憎之心，才會有驚駭的事。

禪中道義

《金剛經》說：「一切有爲法，如夢幻泡影，如露亦如電，應作如是觀。」世間的虛名假利、權勢愛欲，就像水泡一樣的變幻無常，無法掌握。過度地追逐它們，只會自陷於痛苦的深淵。當心靈不被這些外物所左右時，我們就是快樂的、無憂無慮的了。

七、不二法門

一葉落，天下春，無路尋思笑殺人；
下是天，上是地，此言不入時流意。
南作北，東作西，動而止，喜而悲。
蛇頭蠍尾一試之，猛虎口裏活雀兒。
——龍門佛眼禪師

神會禪師有著「禪宗七祖」之譽。當年參見六祖惠能時，還只是個十三歲的小沙彌。因為天資聰穎，詞鋒敏利，惠能禪師打心眼裏喜歡他。

一日，神會向惠能禪師提問——「師父坐禪時，是見還是不見」時，惠能禪師便向他頭上猛敲幾下，反問：「我打你，是痛還是不痛？」

疼得眼淚都快要流下來的神會說：「我感覺又痛又不痛。」

惠能禪師暗自好笑，用他的口氣回答他剛才的提問：「我坐禪時是見也是不見。」

神會不明，問：「怎麼是見又不見呢？」

惠能禪師說：「我見，見的是自己的過錯；不見，是不見他人的是非善惡；至於你，如果痛，那麼便像俗人一樣會有怨憤之心；如果不痛，便像木石一樣沒有知覺。所以，痛和不痛都是生滅的現象，見和不見都是兩邊的執著啊！」

禪中道義

一個人在非原則問題上不作計較，在細小問題上不糾纏不休，對不便回答的問題佯作不懂，對危害自身的詢問假作不知，以理智的「糊塗」化險爲夷，以聰明的「糊塗」平息可能發生的種種矛盾，這樣才是「大智」。

在人生的道路上，不要一味去爭，要學會放下，糊塗一點，能讓人得到一種安寧，一種輕鬆，一種坦蕩，一種悠然，一種自在。

八、心在動

等閒相見銷長日，也有閒時更學琴。
不是眼前無外物，不關心事不經心。
——唐．元稹禪師

禪宗惠能大師得到衣缽之後，因緣成熟，開始行腳各處，默默弘法。

有一天途經寺廟前，看到兩個出家人對著一面幡旗，爭得面紅耳赤。他上前仔細聽，才知道兩人在爭論幡旗所以會動的原因。

其中一位嚷著：「如果沒有風，幡子怎麼會動呢？所以說是風在動。」

另一位也振振有詞，說：「沒有幡子動，又怎麼知道風在動，所以應該說是幡子在動！」

兩人各執一詞，互不相讓，惠能聽了，就對兩人說：「我來做個公正的裁判，其實，既不是風在動，也不是幡子在動，而是兩位的心在動啊！」

禪中道義

心迷法華轉，心悟轉法華；相隨心轉，境由心造；這則公案生動的詮釋了禪門對外境的觀點，完全反求自心；風動也好，幡動也罷，都是見境生心，起心動念的結果。清心好見性，自在步紅塵；修持於方寸中，縱容於作爲上；我們能清楚地主宰自己的心，就能悟出生活的價值；我們能歡愉地當自己的主人，就能活出生命的如來。

九、心有陽光

春有百花秋有月，夏有涼風冬有雪，
若無閒事掛心頭，便是人間好時節。
——宋．黃龍慧開禪師

梅雨時節，一連下了小半個月的雨，寺廟內到處都濕漉漉的。

在大堂打坐的弟子們，常常一邊坐在蒲團上，一邊望著門外下個不停的雨，心緒不寧。

一小和尚對著另一小和尚耳語：「這雨到底怎麼還不停呀！我的心都快要煩透了……」

另一個小和尚接過話題說：「下雨的時候，我都惦念著家裏的莊稼是否會澇了……」

就在這個時候，他們的師父手拿佛珠走了進來，望了望眾弟子，說：「請弟子們認真體悟一下當前，雨過天晴，碧空如洗，太陽是圓的，光芒耀眼，照在身上是舒適的滋味。弟子們，你們看到太陽嗎？」

「這……」小和尚們你望我，我望你。

師父繼續說：「其實，太陽每天都在升起，只不過是被眼前那一團烏雲遮擋而已。撥開烏雲，心中就是一片晴朗的天空，你看不見太陽，太陽當然也就不會照射到你的身上了。」

禪中道義

即便生活讓我們痛苦地發瘋，每天起床後第一件事，仍要讓自己笑一笑。當你心情愉快時，也許你並不習慣微笑。但是如果你強擠出一個笑容，結果你可能會開懷大笑。如果你獻出了微笑，你的內心便會感到快樂。

十、思禪

無心恰恰用，用心恰恰無。
今說無心處，不與有心殊。
——唐．牛頭法融禪師

一個小孩在一處平靜地玩，這時來了一位禪師，給了小孩一塊糖，於是小孩非常高興。

過了一會兒，禪師又問小孩要回了糖，小孩便傷心地哭了很久。

於是，禪師想：「這小孩沒糖時很平靜，平白無故的得到糖時很高興，等到糖又被要回時，便極度的傷心。那失去糖後，應與沒得到糖時一樣呀，又有什麼傷心的呢！」

禪中道義

「參禪悟道，無門可入，一旦眞入，只得平常。」——思來想去，歲月流逝，平常心不可得，反添若干煩惱。追求成功是人生的一大樂趣，但失敗了也要隨遇而安。「不以物喜，不以己悲」，才是大徹大悟。

十一、哲人心日月

非以其無私耶，故能成其私。

——《老子道德經》

有一位哲人，單身時，和幾個朋友一起，住在一間只有七、八平方公尺的小房子裏，看他總是樂呵呵的。有人便問他：「那麼多人擠在一起，有什麼可高興的？」哲人說：「朋友們住在一起，隨時可以交流思想、交流感情，難道不值得高興嗎？」

沒過兩年，朋友們都成了家，先後搬了出去，屋內只剩下他一個人，但他每天仍然非常快樂地出入。又有人問他：「你一個人孤孤單單的，多沒意思呀？」哲人卻說：「我還有很多書呀。他們每本都像是我的朋友一樣，寂寞時就找他們，怎麼會不快樂呢？」

幾年後，這位哲人也成了家，搬進了大樓，住在大樓的一樓，仍是一副高高興興的樣子。有人便問：「你住在一樓，多吵鬧呀，住這樣的房子怎麼還這麼高興呢？」哲人說：「一樓有多好啊！進門就是家，搬東西又很方便，朋友來訪很方便……。特別讓我滿意的是，可以在空地上養花、種草。這些樂趣真好呀！」

又過了兩年，這位哲人把一樓與一位家裏有偏癱老人的朋友調換了，搬到了樓房的最高層，可是這位哲人仍是快快樂樂的。朋友問他：「怎麼你住頂樓還這麼開心呀？」哲人說：「頂樓的好處多著呢——每天爬幾次樓，有利於身體健康；看書、寫文章光線好；沒有人在頭頂上干擾，白天黑夜都安靜。」

哲人以這種方式，不但讓自己的生活充滿了快樂，同時也給別人帶來了方便。

禪中道義

「決定一個人心情的，不在於環境，而在於心境。」淨化自心，使自己真正從許多偏見、自私和欲望中解脫出來，那才能放曠而行。

十二、眾生無定性

返本還源便到家，亦無玄妙可稱誇。
湛然一片真如性，迷失皆因一念差。
——明．浮峰普恩禪師

從前，印度的一個國王飼養了一頭大象。這頭大象力大無窮，勇敢兇悍，在戰場上橫衝直撞、所向披靡。國王一直用他來執行死刑——踏死死囚犯。

有一次，飼養大象的住處在火災中被燒毀了，國王只有將大象移到了另一個住處飼養。在新的住處附近有一座寺院，裏面的和尚常常念經，經文裏有一句話說：「行善者超升天堂，作惡者下沉深淵。」大象不分晝夜地都能都聽到這句話，以致性情漸漸溫和，甚至起了慈悲心。

一天，國王命令大象去執行死刑，大象來到了刑場。不料，大象只用鼻尖輕觸了幾下死囚犯們，就自行離去了。後來凡是被拖來的罪犯，大象全都用這種方式處理。國王看了後大為惱火，召集眾大臣研討此事。

群臣議論紛紛，有一位大臣稟告說：「這隻象的住所旁邊有一座寺院，大象必定是朝夕聽聞佛法的教誨，心生慈悲。如果現在把大象放在屠宰場，讓它日夜看見屠宰的情形，必定會再次威猛起來。」

國王覺得有道理，立刻派人將大象牽到屠宰場附近，讓它每天都看到斬殺、剝皮等殘忍的事情。大象果然又恢復了昔日的野性。

禪中道義

佛曰：命由己造，相由心生，世間萬物皆是化相，心不動，萬物皆不動，心不變，萬物皆不變。

天下一切蒼生，既非善，也非惡，是沒有定性的。全都因場所和對象的不同，才會產生善惡的行為。因此，如果遇到外道邪見的惡知識，就會長期在三惡道裏流轉不息，始終不能脫離；如果常懷信敬之心，遇到良師益友，得到奧妙的指點教誨，就能脫離惡道，獲得無窮受用。

十三、心寬者清

遠水清風落，閑雲別院通。
心源若無礙，何必更論空。

——唐·張喬

有一位貧窮的人向禪師哭訴：「禪師，我生活的並不如意，房子太小、孩子太多、太太性格暴躁。您說我應該怎麼辦？」

禪師想了想，問他：「你們家有牛嗎？」

「有。」窮人點了點頭。

「那你就把牛趕進屋子裏來飼養吧。」

一個星期後，窮人又來找禪師訴說自己的不幸。

禪師問他：「你們家有羊嗎？」

窮人說：「有。」

「那你就把它放到屋子裏飼養吧。」

過了幾天，窮人又來訴苦。禪師問他：「你們家有雞嗎？」

「有啊，並且有很多隻呢。」窮人驕傲地說。

「那你就把它們都帶進屋子裏吧。」

從此以後，窮人的屋子裏便有了七、八個孩子的哭聲、太太的呵斥聲、一頭牛、兩隻羊、十多隻雞。三天後，窮人就受不了了。他再度來找禪師，請他幫忙。

「把牛、羊、雞全都趕到外面去吧！」禪師說。

第二天，窮人來看禪師，興奮地說：「太好了，我家變得又寬又大，還很安靜呢！」

禪中道義

只有生活在寧靜的狀態下，才有情趣欣賞世界可愛的一面，體會別人的人情道義和善良，才會有機會享受眞正屬於自己的人生。

十四、鬼由心生

形象由來不是真，都依心色起閑因。
可堪舉世癡狂客，偏向枯椿境裏尋。
——南懷瑾

在一個偏遠的村莊，有一座百年老屋，因爲年久失修、斷垣殘壁，不堪風雨。屋內蛛網密佈，塵埃蔽日。據說，深夜裏老屋經常發出奇怪的聲音，好似女人的傷心啜泣，又像來自地獄的慘烈哀號。

當地的人們添油加醋地競相傳告：老屋裏住滿了鬼魅幽靈，誰要是走進了老屋，就別想活命。這讓那座百年老屋更顯得神秘而恐怖，當地人誰也不敢靠近半步。

有一天，來了一個外鄉人，稱自己是天下第一大膽的人，世間沒有什麼能夠令他害怕的。村民們看到這個外鄉人口出狂言，非常不服氣，故意使用激將法說：

「既然你自稱是天下最大膽的人，必定不會害怕妖魔鬼怪了！我們村上有一間鬼屋，進去住過的人都被嚇出一身病來。如果今晚你敢進去住宿，那就證明你的確是個有膽量的人。」

「區區的鬼魅有什麼好懼怕的，今天晚上我就去那裏降伏它們！」外鄉人故作無畏的神情。

夜幕降臨，村裏人擁著外鄉人，來到了鬼屋前。外鄉人只好硬著頭皮跨進鬼屋。一陣陰冷的空氣從腳底襲上心頭。接著月光舉目四望：樑柱頹傾，橫七豎八的擺放著，紙窗上外隨風擺動的樹影，彷彿鬼魅就要破窗而入。外鄉人內心發毛，趕緊躲在一張案桌下，閉目屏息，和衣睡倒。

半夜又有一個自稱膽大的人，聽旁人說這所老屋裏經常出現惡鬼，便也想進去一看究竟。他來到門口，推門準備進去。

外鄉人恍惚中聽見兩扇木門咿啞作響，彷彿有鬼魅正要推門而入。他「霍」地從地上彈地，一個箭步死命抵住木門，不讓門外的「鬼魅」進來。但是他使的力氣愈大，門外的推力也愈大。

門外的人也以為是鬼在作怪，所以拼命要推門進去看個究竟。於是，兩人一直相持到天亮。等到街市喧嘩，二人都精疲力竭時，門終於半是推開半打開，雙方這才明白，屋裏屋外都是人，不是鬼。

禪中道義

「平日不做虧心事，夜半不怕鬼叫門」，只有那些心裏有鬼的人，講話做事才會恐慌而不自在。

古人說：「俯仰無愧。」就算死到臨頭，也是「視死如歸」。所以，做人做事要「問心無愧」，才能「心安理得」。

十五、雪化春天至

翻雲覆雨雨成雲，點滴如絲亂不分。
凍作冰河冰化水，漫從光影捉斜曛。
——南懷瑾

有位老師帶著一班學生登山賞雪，大家無不驚歎大自然的壯麗。
老師不忘現場教學，就近提了個問題：「雪融化了，會變成什麼樣子？」
學生們異口同聲地說：「水。」
答案正確，老師深感欣慰。
這時，有一個單行和尚，擦著滿臉的汗水仰望著天際，帶著祈禱的神情說：
「各位，雪融化了，春天不就要到來了嗎？」

禪中道義

雪融成水，這是科學的結論；化爲春，這是哲學的感悟。科學純就題論題，哲學則遇題超題。化無情的冰寒爲有情的春望，將有限的命題變成無限的生趣，這是何等雋永的慧覺！人生有了哲學的指導，生命才得定位，生活才有重心，生計才顯蓬勃。

十六、路由念生

業識奔馳相續流，茫茫無岸可回頭。
同為苦海飄零客，但了無心當下休。
——南懷瑾

有一天，佛陀帶弟子坐船。當船行到湖中央時，他問弟子：「有一種東西，跑得比光還快，瞬間能穿越太空，到達遙遠的地方，這是什麼？」

弟子爭著回答：「是意念。」

佛陀滿意地點點頭：「那麼，有另外一種東西，跑得比烏龜還慢。當春花怒放時，它還停留在冬天；當頭髮雪白時，它仍然是個小孩子的模樣，那又是什麼？」

弟子一臉困惑，答不出來。

「還有，不前進也不後退，沒有出生也沒有死亡，始終漂浮在一個定點。誰能告訴我，這又是什麼？」

弟子全都愣住了，面面相覷。

「答案都是意念。它們是意念的三種表現，換個角度來看，也可比喻成三種人生。」佛陀望著聚精會神的弟子，繼續解釋：「第一種是積極奮鬥的人生。當一個人不斷力爭上游，對明天永遠充滿希望和信心時，他的心靈就不受時空的限制，他就好比是一隻射出的箭，總有一天會超越光速，駕馭於萬物之上。第二種是懶惰的人生。他永遠落在別人的屁股後面，撿拾他人丟棄的東西，這種人註定會被遺忘。第三種是醉生夢死的人生。當一個人放棄努力、苟且偷安時，他的命運是冰凍的，沒有任何機會來敲門，不快樂也無所謂痛苦；這是一個註定悲哀的人，像水母的空殼漂浮於海底，不存在於現實世界中、也不在夢境裏……」

禪中道義

清代學者彭端淑曾經說過：「世事有難易乎？為之，則難者亦易矣，不為，易者亦難矣」。所以，世間事只要我們肯努力，就沒有困難的事。

莊子也曾經說過：「哀莫大於心死」、「貧莫貧於無志」。心死不振作的人，什麼事也作不成功；無志氣又不向上的人，就連小事情也做不成。

有人認為積累富貴的前提是祖業、背景、學問、智識、靠山，但最應該依靠的應該是「意念」。沒有意念的人，才是永遠的窮人。

十七、最後一課

有物先天地，無形本寂寥。
能為萬象主，不逐四時凋。

——南北朝．善慧禪師

佛陀帶領眾弟子雲遊四方十年後，回到了山上寺院前的一塊草地上。佛陀說：「十年雲遊，你們一定增長了許多見識。現在師父給你們上最後一課。你們看，曠野裏有什麼？」

眾弟子一聽，都笑了。齊聲說：「曠野裏長滿雜草。」

佛陀又問：「你們該怎樣除掉這些雜草？」

弟子們很驚訝，他們沒想到師父會問這麼簡單的問題。

第一個弟子說：「師父，只要有一把鏟子就夠了。」佛陀點點頭。

第二個弟子說：「師父，用火燒。」佛陀笑了一下。

第三個弟子說：「師父，在草上撒上石灰。」

第四個弟子說：「把草根挖出來，斬草除根就行了。」

等弟子們都說完了，佛陀告訴大家：「今天的課就上到這裏。明天你們下山，按照你們自己的說法去除草。一年後再回來。」

一年後，弟子們都回來了。不過原來他們坐的地方已經不是雜草叢生，它變成了一片長滿莊稼的田地。這時，佛陀說：「今天我給你們補上這最後一課。要想除掉雜草，方法只有一種：那就是在上面種上莊稼。同樣，要想讓心靈不荒蕪，唯一的方法就是修養自己的美德。」

禪中道義

美德是一個人立身行事的基礎。以德爲本，人的生命才會綻放出最豔麗的花朵，結出最豐碩的果實，所以，清除心田雜草的最好辦法，就是播種美德的稻穀，栽植修養的青苗。

十八、東坡坐禪

山堂靜坐夜無言，寂寂寥寥本自然。
何故西風動野林，一聲寒雁唳長天。
——宋．道川禪師

蘇東坡年輕時，有一天到金山寺和佛印坐禪。坐了兩個時辰，東坡覺得身心通暢，便忍不住問佛印：「你看我坐禪的樣子如何？」

「像一尊佛。」佛印接著問東坡，「你看我坐禪的樣子怎樣？」

「像一堆糞。」東坡揶揄地說。

東坡回家後，高興地告訴小妹：「我今天贏了佛印禪師。」

蘇小妹不以為然地說：「其實你今天輸了。佛印心中有佛，所以才看你如佛；你心中有糞，所以才視禪師如糞。」

禪中道義

早晨的思想可能決定著一天的行動；樂觀的思想可能使一天過的明朗而高效；悲觀的思想則會使一天過得鬱鬱寡歡且徒勞無功。歡快、微笑且充滿勇氣地面對每一天，我們的工作自然會充滿快樂，並不斷取得進步。

十九、生花的荒地

大都心足身還足，只恐身閒心未閑。
但得心閑隨處樂，不須朝市與雲山。
——宋．李宗易

寺門前有一片荒地，什麼都不長，年年那麼荒著。沒有誰把這塊荒地當一回事，沒有人會想到它有什麼用，更不相信它有朝一日會成爲一片風景。

但雙目失明的心明大師並沒有將荒地當荒地看。心明大師在剃度後，在別人誦讀經書時，他卻摸著鋤頭墾荒。一鋤一鋤整地，播下一粒粒花種。

日復一日，一有空就到地上忙碌，那些耳聰目明的人以爲他有病。然而，就在別人的譏笑聲中，心明大師撒播的花種發了芽、長了莖、綠了葉。

一夜春風，花蕾全部綻開，和尚們步出寺門，在美麗的花朵面前，全都呆了。

禪中道義

人生不能沒有追求和探索，不能沒有理想和目標。人生，是船行；人生，是戰鬥，只要生活在這船行與戰鬥中，青春和生命就一定能迎來燦爛和輝煌的明天。

做人要活出自我的價值，就要充滿自信，敞開心靈，對生活持樂觀態度，讓心態開放，不依靠畏懼生活，眞誠地面對一切。

二十、和尚占卜

左圈右圈圈不了，不知圈了有多少？
而今跳出圈圈外，恐被圈圈圈到老。
——清．童二樹

從前，有四個舉人欲赴京趕考，由於對課業準備得不是十分周全，心中難免七上八下、患得患失，四個舉人聚在一起商議，決定到普陀寺去卜一卦，問問究竟這一次赴考是凶是吉。

寺裏掌管占卜的和尚問明四個舉人的來意，從容地面露微笑，伸出一個手指來，搖頭不語。四個舉人見狀，心中自是納悶不已，但任憑他們怎麼問，和尚口中只是神秘地說著：

「天機不可洩漏。」

除此之外，再也不肯多說半個字。

大考發榜之後，四名舉人當中，只有一人高中進士，其餘三人皆名落孫山；他們想到當時和尚伸出的那一根手指頭，心中讚歎不已。消息傳出之後，大家對這位和尚神準的道行佩服得五體投地，紛紛從四處趕來找他占卜。

和尚的徒弟看到這種情況，私下問他的師父，為什麼能夠算得如此準確，言語之中，似乎亦透露著幾分的不滿，彷彿有怪罪師父藏私的意味。

面對徒弟的質疑，老和尚豁達地笑道：「其實這當中沒什麼奧秘，坦白地說，我也不知道他們四個人當中誰會高中、誰會落榜？」

徒弟絲毫不肯放鬆，繼續問：「可是，你伸出那一根手指頭……」

和尚笑道：「這其中的訣竅很簡單啊！如果他們當中有兩個人高中，一個手指就是說，有一半落榜；假使有三個人高中，也就是說有一個一定考不上；倘若全都高中了，那就是說，一個也沒有名落孫山；萬一他們四人全都落榜了，我那一個手指的意思，就是連一個也沒能考上啊！」

徒弟聽了師父所說的話，低頭細細思量其中的智慧。這時和尚接著又說道：「赴京趕考，憑藉的是自己的實力，算命這種東西當然做不得，你的心中相信什麼，結果就會依照你所相信的那樣來呈現！」

禪中道義

信念是做事成敗的根本保障，我們相信自己能或不能，都會引發必然的結果——我們認爲自己能夠做到，事情就會如願成功；我們認爲自己不能，事情也會如你所想，難以完成。

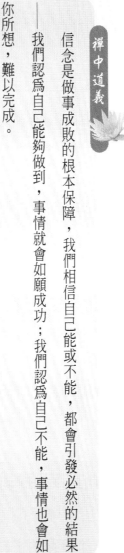

二十一、不過一碗飯

空門寂寂淡吾身，溪雨微微洗客塵。
臥向白雲情未盡，任他黃鳥醉芳春。

——唐．可止

兩個不如意的年輕人，一起去寺院求救於住持方丈：「師父，我們在工作中常被欺負，太鬱悶了，求您開示：我們是不是該辭掉工作？」兩個人一起問。

住持方丈閉著眼睛，只對他們說了五個字——「不過一碗飯。」

兩個年輕人回到公司後，一個人就遞上辭呈，回家種田，另一個卻沒有採取任何行動。

轉眼間十年過去了。回家種田的，以現代方法經營，居然成了農民企業家。另一個留在公司裏的也不差。他忍氣吞聲並努力學習、進修自己，漸漸受到器重，已經成爲區域經理。

有一天兩個年輕人遇到了，很不明白方丈住持的一句話，爲何會造就兩種結果。

「奇怪！師父給我們同樣『不過一碗飯』這五個字，我一聽就懂了，不過一碗飯嘛！日子有什麼難過？何必硬賴在公司？所以我就辭職了。」農民企業家問道，「你當時爲什麼沒聽師父的話呢？」

「我聽了啊！」那名已是區域經理的人笑道：「師父說『不過一碗飯』，多受氣、多受累，我只要想『不過爲了混碗飯吃』，老闆說什麼是什麼，少賭氣、少計較，就成了！師父不是這個意思嗎？」

兩個人又去拜望住持方丈，此時已經老邁的住持，仍然閉著眼睛，隔半天，答了五個字：「不過一念間。」

禪中道義

時間的永逝，任何人都無法抗拒。然而這個世界有太多的誘惑，因此有太多的痛苦。平淡的日子不會永遠平淡，只要懷有淡泊的心境，和一生一世永不放棄的追求，定能獲得生活饋贈的那份歡樂，成功給予的那份慰藉，譜寫出生命最璀璨輝煌的樂章。

二十二、藥方

趙州八十猶行腳，只為心頭未悄然。
及至歸來無一事，始知空費草鞋錢。
——明．蓮池禪師

一位年老的盲人帶著他的棍子四處漂泊，以與人比武為生，雖艱辛卻快樂。

有一天，年老的武師終於打斷了他一生中的第九十九根棍子。武師大喜若狂，因爲他的師父生前傳給他一個藥方，說只有在他打斷了九十九根棍子以後，才可以用這個藥方，也只有到這時候，藥才靈驗，能讓他雙目重見光明。武師拿著藥方，興沖沖地跑到藥房，然而藥房的人卻告訴他：這藥方上一個字也沒有。武師木然了，那個在他心中支撐了他一生的強大力量，頃刻間化爲烏有，他的精神徹底崩潰了，很快便衰老了。

走到人生盡頭時，他終於醒悟了：師父是給他一個信念，讓他在不幸中也能充分享受生命中的每一天。於是，他也把這個藥方留給了年少的盲童，並且重複了當年師父說過的話，他也要給盲童留一個追求。

禪中道義

人們通常只看重結果與收穫，忘卻了人生的樂趣和意義。當你掌握了生命的樂趣，充實了人生的底蘊時，就會以一種全新的姿態去面對生活、面對未來。

二十三、心生畏

碧澗泉水清，寒山月華白。
默知神自明，觀空境逾寂。
——唐．寒山禪師

很久以前，在喜馬拉雅山的山腳下，有一位神通廣大的西藏喇嘛。一次，這位喇嘛在出門的時候，發現了一隻凍僵的小老鼠，於是他就將這隻小老鼠救了回去，並在火爐旁將它救醒了。

小老鼠在喇嘛的精心照顧下，逐漸恢復了健康，從此喇嘛便多了一位朋友。而小老鼠呢，白天到外面曬太陽、玩耍；晚上回到屋子裏，躺在溫暖的羊毛毯子上，聽這位慈祥的喇嘛僧講故事，生活得很愉快。

唯一令小老鼠不舒服的是，喇嘛的家裏還有一隻貓，雖然這隻和善的貓從來都不傷害它，但每次見到貓時，它總是萬分緊張和恐懼。

於是，有一天，小老鼠對神通廣大的喇嘛說：「慈悲的喇嘛，我和你生活在一起，感到非常快樂，但是有一件事情我想請你幫一下忙。」喇嘛微笑著說：「那是什麼事情？」「當我每次看到您家裏的貓時，都會感到莫名的恐懼。我想求您將我變成一隻貓。」喇嘛答應了小老鼠的要求，瞬間將它變成了一隻貓。

小老鼠變成貓以後，便以爲萬事大吉了。剛一出門，碰到了一條兇猛的狗。它嚇得連滾帶爬地回到了屋子裏。對著喇嘛祈求說：「麻煩您能不能再將我變成一條狗呢？」喇嘛又答應了它的要求。

變成了狗的小老鼠，又大搖大擺的走出了家門，沒想到從林中突然出現了一隻老虎，它拼命地跑回家裏。很沮喪地對喇嘛說：「請您再把我變成老虎吧，那樣我就快樂了。」喇嘛仍然答應了它的要求，又將它變成了老虎。變成了老虎的小老鼠，一見到在廚房裏的貓，尖叫了一聲，驚恐萬狀地跑回到喇嘛的身邊。

小老鼠百思不解，困惑地對喇嘛說：「慈悲的喇嘛啊，爲什麼我變成了老虎以後，還會害怕貓呢？」

喇嘛大笑了起來，他對這小老鼠說：「害不害怕，重要的不在於你有什麼樣的身體和外觀，而在於你的心。無論你的外表變成什麼，你的心依然還是小老鼠的心，怎會不害怕貓呢？」

禪中道義

有些人外表高大、健碩，然而內心卻是十分軟弱好欺；有些人外表看似軟弱無力，卻威猛、幹練。不可否認，心性是塑造人外在特點的決定因素——堅強的人無論遇到任何事都屹立不倒；儒弱的人遇到稍微不如意的事便一蹶不振。

學會在生活中不斷的磨煉自己的心性，首先從心理上讓自己立於不敗之地，做任何事才會眞正的立於不敗之地。

CHAPTER 03

第三輯 悟無生忍

「事臨頭三思爲妙，怒上心忍者最高。」
這就是爲什麼生活中有些人總能保持放曠達觀、
隨遇而安的心態的原因。
能否做到內心的曠達，完
全要看是否能夠承擔生活上的種種；
接納它，包容它，喜歡它。
「悟無生忍」，無非說的就是一種心理承擔的能力。
不經歷風雨，無法看到美麗的彩虹，
不經歷人生，同樣不會懂得忍讓與承受給予人生的益處。

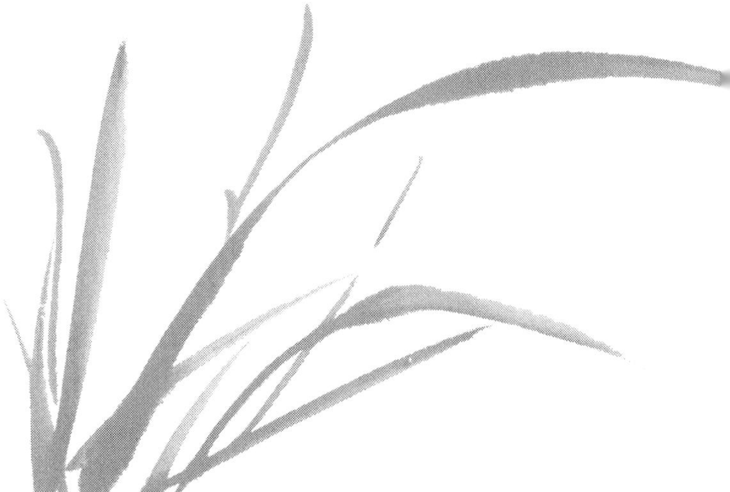

一、曬軀殼的人

生死牢關未透時，腳跟一句好提持。
不教覓水逢泥止，那得亡羊逐路歧。
驀地寒灰爆黑豆，灼然大寶獲春池。
到頭始信原無事，弓影非蛇只自疑。
——徹悟大師

有位孤獨者，倚靠著一棵樹曬太陽，他衣衫襤褸、神情萎靡，不時有氣無力地打著哈欠。

一位僧人從此經過，好奇地問道：「年輕人，如此好的陽光，如此難得的季節，你不去做你該做的事，懶懶散散地曬太陽，豈不辜負了大好時光？」

「唉！」孤獨者歎了一口氣說，「在這個世界上，除了我自己的軀殼外，我一無所有。我又何必去費心費力地做什麼事呢？每天曬曬我的軀殼，就是我做的所有事了。」

「你沒有家？」

「沒有。與其承擔家庭的負累，不如乾脆沒有。」孤獨者說。

「你沒有你的所愛？」

「沒有，與其愛過之後便是恨，不如乾脆不去愛。」

「你沒有朋友。」

「沒有。與其得到還會失去，不如乾脆沒有朋友。」

「你不想去賺錢？」

「不想。千金得來還復去，何必勞心費神動軀體？」

「噢。」僧人若有所思，「看來我得趕快幫你找根繩子。」

「找繩子做什麼？」孤獨者好奇地問。

「幫你自縊。」

「自縊？你叫我死？」孤獨者驚詫道。

「對。人有生就有死，與其生了還會死去，不如乾脆就不出生。你的存在，本身就是多餘的，自縊而死，不是正合你的邏輯嗎？」

孤獨者無言以對。

「蘭生幽谷，不為無人佩戴而不芬芳；月掛中天，不因暫滿還缺而不自圓；桃李灼灼，不因秋節將至而不開花；江水奔騰，不以一去不返而拒東流。更何況是人呢？」僧人說完，拂袖而去。

禪中道義

人生每個人都有希望，希望的將來是美麗的，可是失望卻是最痛苦的。要實現未來的希望，現在必須付出努力的代價。必須要勞心勞力和忍耐，甚至準備嘗嘗失敗的痛苦，最後才能享受成功的快樂。

二、割十補百

眼空湖海氣凌雲，傑出叢林思不群。
古往今來誰是我？得饒人處且饒人。
——元．石屋清珙禪師

古印度有一個國王，非常厭惡別人在背後議論他。作爲國王的他便立了一條法律：誰如果在背後對國王妄加評論，便割其肉十斤作爲處罰。

「防民之嘴，甚於防川」——嚴酷的刑法依然擋不住人民對國王的評論，所以講國王是非的人反而變得越來越多了。

有一天早朝完畢後，國王隱隱聽到有人在背後說他是一位殘暴無道的昏君。這句話在國王聽來，簡直比兇惡的猛獸還要厲害！國王暴跳如雷，像一頭瘋狂的猛獸，怒視著當下的眾臣。

這時候早朝已散，大臣們已經走了一大半，只剩幾個年老的老臣尚未離去。國王在盛怒之下也未弄個明白，只聽身邊的小人讒言，就把一位老臣抓去拷打，並依法割掉了他十多斤肉。這個老臣被折騰得死去活來。

沒過多久，這件事終於水落石出——那位老臣是被冤枉的。國王過意不去，親自去探望這位老臣，並當即補償了這位老臣一百斤肉，並滿意地對這位老臣說：「我只割十斤肉，補你百斤總算夠了吧！」

老臣痛苦地呻吟道：「假使國王你被人割下一個頭，而人家補償你一百個頭，能是一回事嗎？」國王終於明白了這個道理，然而奄奄一息的老臣卻已經逝去了。

禪中道義

世間每一個人即便有一點點的長處，都希望人家誇讚他，有一點點缺點，都希望人家隱藏。然而嘴巴卻是長在別人身上的，說是道非自然也防之不及。若想讓別人常誇自己的長處，少議論自己的短處，唯有從自身多找原因，讓自己做得更好，那麼就會「贊多毀少」了。

三、莫須有的罪名

一痕春水一條煙，化化生生各自然。
七尺行軀非我有，兩間寒暑仍推遷。
——明．陳獻章

一位年輕人去拜訪佛祖。佛祖那時雲遊在山下的一個幽靜的林子裏。正當他們談論著什麼是美德的時候，一個罪犯瘸著腿、吃力地爬上山嶺。他走進樹林，跪在佛祖面前說：

「啊，佛祖，請你解脫我的罪過。我罪孽深重。」

佛祖答道：「我的罪孽也同樣深重。」

罪犯說：「但我是盜賊。」

佛祖說：「我也是盜賊。」

罪犯又說：「但我還是個殺人犯，多少人的鮮血還在我眼前翻騰。」

佛祖回答說：「我也是殺人犯，多少人的呻吟也在我耳旁呼嘯。」

罪犯說：「我犯下了無數的罪行。」

佛祖回答：「我犯下的罪行也無法計算。」

罪犯站了起來，他兩眼盯著佛祖，露出一種奇怪的神色。然後他就離開了，連蹦帶跳地跑下山去。

青年人轉身問佛祖：「你爲何給自己加上這些莫須有的罪行？你沒有看見此人走時已對你失去信任？」

佛祖說道：「是的，他已不再信任我。但他走時畢竟如釋重負。」

正在這時，他們聽見罪犯在遠處引吭高歌，回聲使山谷充滿了歡樂。

禪中道義

人在苦難的時候，常常認爲自己的苦難最深。然而，當我們知道別人的苦難和自己的一樣，甚至比自己的還深時，便能得到某種安慰和平衡，痛苦也會減輕一些。

四、還重嗎

金雞夜半作雷鳴，好夢驚回暗猶明。
悟到死生如旦暮，信知萬象一毛輕。
——南懷瑾

一次，鏡虛禪師帶著出家不久的弟子滿空，出外行腳說法。滿空一路上滿腹牢騷、嘀咕不停，不是在說自己背的行李太重，每走幾步便要求師父找個地方休息。

鏡虛禪師開導滿空說，路途還很遙遠，若是停停走走，幾時才能到達目的地呢？說完，鏡虛禪師逕自精神飽滿地向前走去。

有一日，師徒倆經過一座村莊。遇到了一位貌美的婦女在外乘涼，走在前面的鏡虛禪師走上前去，不知道跟那位婦女說了些什麼，只見那女人突然大聲尖叫。貌美婦女的家人和鄰居聞聲而出，以爲和尚在輕薄婦女，便一齊喊打。

身材高大的鏡虛禪師不顧一切地向前狂奔，走在後面、背著行李的滿空，也快速地緊跟鏡虛禪師往前奔逃。

跑過幾條山路後，鏡虛禪師見村人沒有追上，就在一條寂靜的山路邊停了下來，回頭看見徒弟滿空氣喘吁吁地跑了過來，就非常關心地問徒弟道：「剛才背了那麼多行李，一口氣跑了這麼遠，還覺得重嗎？」

「師父！很奇怪，剛才奔跑的時候，一點都覺不出行李重！」

禪中道義

在人生的旅途上，如果對前途沒有堅忍不拔的信心及目標，即便只做一點點小事，也會覺得很辛苦、繁重；如果對前途有信心、有理想、有目標，再遠的路途、再重的責任，也不會感覺辛苦、繁重了。

五、大師論水

手把青秧插滿田，低頭便見水中天。
心地清淨方為道，退步原來是向前。
——唐．布袋和尚

有一個人在社會上總是落魄、不得志，有人向他推薦了一位得道大師。他找到大師。大師沉思良久，默然舀起一瓢水，問：「這水是什麼形狀？」
這人搖頭：「水哪有什麼形狀？」
大師不答，只是把水倒入杯子，這人恍然：「我知道了，水的形狀像杯子。」
大師無語，又把杯子中的水倒入旁邊的花瓶，這人悟然：「我又知道了，水的形狀像花瓶。」
大師搖頭，輕輕提起花瓶，把水倒入一個盛滿沙土的盆。清清的水便一下溶入沙土，不見了。這人陷入了沈默與思索。

大師低身抓起一把沙土，歎道：「看，水就這麼消逝了，這也是一生！」

這個人對大師的話沉思良久，高興地說：「我知道了，您是透過水告訴我，社會處處像一個個規則的容器，人應該像水一樣，盛進什麼容器就是什麼形狀。而且，人還極可能在一個規則的容器中消逝，就像這水一樣，消逝得迅速、突然，而且一切無法改變！」

這人說完，眼睛緊盯著大師的眼睛，他現在急於得到大師的肯定。

「是這樣。」大師拈鬚，轉而又說，「又不是這樣！」

說畢，大師出門，這人隨後。在屋簷下，大師伏下身。用手在青石板的臺階上摸了一會兒，然後頓住。這人把手指伸向剛才大師手指所觸之地，他感到有一個凹處。他迷惑，他不知道這本來平整的石階上的「小窩」，到底藏著什麼玄機。

大師說：「一到雨天，雨水就會從屋簷落下。你看，這個凹處就是水落下的結果。」

此人於是大悟：「我明白了，人可能被裝入規則的容器，但又像這小小的水滴，改變著這堅硬的青石板，直到破壞容器。」

大師說：「對，這個窩會變成一個洞！」

禪中道義

爲人處事要像水一樣，能屈能伸：既要盡力適應環境，也要努力改變環境，實現自我。我們應該有多一點的韌性，能夠在必要的時候彎一彎、轉一轉。太堅硬的東西容易折斷。唯有那些不只是堅硬，而更多有一些柔韌的彈性的人，才可以克服更多的困難，戰勝更多的挫折。

六、禪者的人格

吾心似秋月，碧潭清皎潔。
無物堪比倫，更與何人說。
——唐朝．寒山禪師

有一位學僧正在寺前的圍牆上模擬一幅龍爭虎鬥的畫像。圖中龍在雲端盤旋將下，虎踞山頭，作勢欲撲。雖然他已修改多次，卻總認為其中動態不足。這時，無德禪師從外面回來，學僧就請禪師評鑒一下。

無德禪師看後，說：「龍和虎的外形畫得很好，但龍與虎的特性你又知道多少？現在應該要明白的是龍在攻擊之前，頭必須向後退縮；虎要上撲時，頭必然向下壓低。龍頭向後的屈度愈大，虎頭愈貼近地面，它們也就能衝得更快、跳得更高。」

學僧非常歡喜地說道：「師父眞是一語道破，我不僅將龍頭畫得太向前，虎頭也太高了，怪不得總覺得動態不足呢。」

無德禪師借此事說教道：「爲人處事、參禪修道的道理也一樣。退一步的準備之後，才能衝得更遠；謙卑的反省之後，才能爬得更高。」

學僧不明白，又問：「師父，退步的人怎能向前？謙卑的人怎能更高？」

無德禪師嚴肅地說道：「手把青秧插滿田，低頭便見水中天；身心清淨方爲道，退步原來是向前。」

學僧至此才醒悟。

禪中道義

禪者的人格，有自尊的一面，他們有時頂天立地、孤傲不群，有如龍抬頭、虎相撲；但有時也非常自謙，有如龍退縮、虎低頭。這正說明了當進則進、當退則退；當高則高、當低則低。所謂「進退有據、高低有時」也。龍為獸中之靈，虎為獸中之王，禪者乃人中之賢，以退為進、以謙為尚，不亦宜乎？

七、沈默的釋迦

世事如舟掛短篷，或移西岸或移東。
幾回缺月還圓月，數陣南風又北風。
歲久人無千日好，春深花有幾時紅。
是非入耳君須忍，半作癡呆半作聾。
——明．唐寅

釋迦在世時，一人因嫉妒釋迦受世人景仰，心懷不平而當面對釋迦破口大罵。但是，不管他的態度如何惡劣，言語如何不可理喻，釋迦卻始終保持沈默，冷靜以對。

當那個人罵夠罵累之後，釋迦才開口說：「朋友，如果有人送禮給他人，對方不接受的話，請問該禮物屬於誰？」

此人不意有此一問，不假思索就答道：「當然屬送禮的人了。」

釋迦見他這樣答，繼續問道：「好，剛才你對我破口大罵，如果我不接受這些詈言之辭，請問它將屬於誰？」

此人一時語塞，默然不言，繼之醒悟自己的過錯，並爲自己的無禮向釋迦道歉，發誓絕不再誹謗他人。

禪中道義

不論是謗是譽，總之，唯有不受毀譽褒貶之左右，一心專誠，默默地做「爲所當爲」的人，才是我們所嚮往的理想人物——學會愛，心存正確的價值觀，並能理解和尊重他人，能與他人良好合作，富於責任感和同情心；多讀書，不斷地汲取文化營養，擁有豐富的內心世界，努力克服虛僞、勢利的小市民階級意識的影響，勤奮、上進和求知。

八、佛學除障

大夢場中誰覺我，千峰頂上視迷途。
終朝睡在鴻蒙竅，一任時人牛馬呼。
——清・劉悟元

曾經有一個青年，在未出家前，常常遭到別人的辱罵，反罵回去時，換來的卻是更大的羞辱，最後因為耐不住自尊連番受挫，一時心灰意冷，才忿而出家。教他佛學的師父洞悉了他心中的障礙，忽然一改和善的態度，動輒吼罵，視之為無物。

「怎麼？罵你，你不高興是吧！不服氣，你也可以反罵回來呀！為什麼不敢？因為我是你師父？因為怕罵了我，我會趕你出去，天下之大，就沒有你可以容身之所？還是你怕會罵輸我，擔心自尊受到更大的侮辱，唯恐又刺傷了從前的痛處？」

青年氣得額頭青筋浮凸，簡直就像是密封在罐子裏的炸藥。

「像你現在的心境，如何習法學道？我這裏有兩條路給你選，一條是去後山禁閉室修行兩年，一條是立刻滾出山門。」師父不留情面地說。

青年氣雖氣，但一想到這已是人生最後的退路，離開這兒，豈不又要回到原來的世界？一個人寂寞獨處，總好過罵不贏人，一再地被羞辱好。他決定修行兩年。

兩年期間，師父不定時的會來到後山，在禁閉室外，故意罵他不長進，是庸夫一個。而他總是緊閉門窗，獨自在裏頭氣得跺腳，以忍功回應。無奈，越忍耐就越氣，修行還怎麼修得下去？

一天，師父又來到禁閉室外，大罵他不是個東西，沒想到他卻出聲回應了：「謝謝師父的讚美，弟子還眞不是個東西呢！」

師父察知他有所轉變，但不曉得到達何種程度，繼續罵：「哎呀！你這個爛東西，竟然敢頂撞師父！」

青年再回應：「啊！師父，您說對了！弟子全身上下就沒一處是好東西，若非這個虛假不實的爛身體，弟子早雲遊四海去了！」

「哼！你這廢物，將來出了山門，可別說是我的徒弟！」

青年在屋裏大聲笑答：「不敢，不敢！我會說自己是師父的一堆屎，將來有機會埋在土裏，滋養大地，使萬物受育。幸哉！幸哉！」

師父終於再也罵不下去了，高興地說：「你現在的心胸，想必是萬里無雲的晴空了。既然陰霾已去，還賴在籠子裏幹什麼？出來吧！」

禪中道義

以罵止罵，無疑拿矛刺盾，有的是招惹更多的攻擊。以忍制辱，恐怕火候不夠，到頭來，又被自己多傷害了一次。不如像大海笑納百川，非但沒有受到吞併污染，反倒彙成汪洋，飽孕無限的生機！

九、愚人買智

前三三與後三三，大事光輝明皎皎。
回頭不見解空人，滿目白雪臥荒草。
——宋．楊岐方會禪師

從前有個又窮又愚的人，在一夕之間突然富了起來。但是有了錢，他卻不知道如何來處理這些錢。

他向一位和尚訴苦，這位和尚便開導他說：「你一向貧窮，沒有智慧，現在雖有了錢，可是依然沒有智慧。你進城裏去，那裏有不少大智慧的人，你出百把兩銀子，別人就會教你智慧之法。」

那人眞的去了城裏，逢人就問哪裡有智慧可買。

有位住持告訴他：「你倘若遇到疑難的事，且不要急著處理，可先朝前走七步，然後再後退七步，這樣進退三次，智慧便來了。」

「『智慧』就這麼簡單嗎？」那人聽了將信將疑。

當天夜裏回家，他推門進屋，昏暗中發現妻子居然與人同眠，頓時怒起，拔出刀來便要砍下。這時，他忽然想起白天買來的智慧，心想：何不試試？

於是，他前進七步，後退七步，又前進七步，然後，點亮了燈光再看時，竟然發現那與妻子同眠者原來是自己的母親。

禪中道義

人是萬物之靈，有智識、有才能、有遠見、有良心、有道德才是萬物之靈。事事皆能思前思後，打算將來的事情，方有萬物之靈的價值。若是任由頭腦發熱、怒火中燃，便會失去理智，意氣用事，以致害人害己，將人生置於不可追悔的地步。冷靜處事，其結果就截然不同了。

十、和尚借宿

一枕沉酣杜德機，塵埃野馬亂相吹。
壺中偶放偷天日，照破乾坤無是非。
——南懷瑾

一個老和尚帶著一個小和尚，在雲遊中來到一個富有的家庭借宿。這家人對他們非常不友好，並且拒絕讓他們在舒適的臥室過夜，而是在冰冷的地下室給他們找了一個角落。當他們鋪床時，老和尚發現牆上有一個洞，就順手把它修補好了。小和尚問爲什麼，老和尚答道：「有些事並不像它看上去那樣。」

第二晚，兩人又到了一個非常貧窮的農家借宿。主人夫婦倆對他們非常熱情，把僅有的一點點食物拿出來款待客人，然後又讓出自己的床鋪給他們。他們自己則在地上鋪了些稻草睡下。第二天一早，他們發現農夫和他的妻子在哭泣，原來他們唯一的生活來源，那頭乳牛死了。

小和尚看到這種情況非常憤怒，他質問老和尚爲什麼會這樣，第一個家庭什麼都有，老和尚還幫助他們修補牆洞，第二個家庭儘管如此貧窮，還是熱情款待客人，而老和尚卻沒有阻止乳牛的死亡。

「有些事並不像它看上去的那樣。」老和尚答道，「當我們在地下室過夜時，我從牆洞看到牆裏面堆滿了古代人藏在此地的金塊。因爲主人被貪欲所迷惑，不願意分享他的財富，所以我把牆洞塡上了。昨天晚上，死亡之神是來召喚農夫的妻子的，我沒有辦法，只好讓乳牛代替了她。所以，有些事並不像它看上去那樣。」

禪中道義

在生活中，遇到事情要多思多想，不要聽到些什麼或看見些什麼就妄下結論。人的感覺器官是用來搜集資訊的，如果不經過大腦分析就下定論，就會產生錯誤，甚至會傷害到你的親人和朋友，所以，下結論和行動一定要三思而後行，否則就會釀成大錯。

十一、富商悟禪

參禪本為了生死，緊要先須識自己。
項上頭非鏡裏頭，娘生嘴是虛空嘴。
眼中不著一星沙，耳底常容大海水。
擬剔眉毛早隔山，那堪更問張三李。

——徹悟大師

有一個傲氣十足的富商，腆著個大肚子來到寺院，站在財神面前說：「你有什麼？還不是依靠我的供品，你才能活下去？」

禪師聽到後很生氣，就把富商帶到窗前說：「向外看，告訴我，你看到了什麼？」

「看到了許多人。」富商說。

禪師又把他帶到一面鏡子前，問道：「你看到了什麼？」

「只看見我自己。」富商回答。

禪師說：「玻璃鏡和玻璃窗的區別，只在於那一層薄薄的銀子，這一點點可憐的銀子，就叫有的人只看見他自己，卻看不見別人了。」

富商面帶愧色地離去。

禪中道義

曾經有人說過：「坐在高級轎車裏的一定是好人嗎？」事實上，有錢有勢並不能說明一個人有涵養。重要的是有了錢、有了勢，還能保持一種做人的本色和謙虛謹慎、平等待人的心態，這才是眞正地有涵養。

十二、求教

致虛極，守靜篤。萬物並作，吾以觀復。
夫物芸芸，各復歸其根。歸根曰靜，靜曰復命。
復命曰常，知常曰明。不知常，妄作，凶。
知常容，容乃公，公乃王，王乃天，
天乃道，道乃久，歿身不殆。

——《老子道德經》

一個滿懷失望的年輕人，千里迢迢來到法門寺，對住持釋圓說：「我一心一意要學丹青，但至今沒有找到一個能令我滿意的老師。」

釋圓笑笑問：「你走南闖北十幾年，真沒能找到一個自己的老師嗎？」

年輕人深深歎了口氣，說：「許多人都是徒有虛名啊，我見過他們的畫，有的畫技甚至不如我。」

釋圓聽了，淡淡一笑說：「老僧雖然不懂丹青，但也頗愛收集一些名家精品。既然施主的畫技不比那些名家遜色，就煩請施主爲老僧留下一幅墨寶吧。」說著，便吩咐一個小和尚拿了筆墨紙硯來。

釋圓說：「老僧的最大嗜好，就是愛品茗飲茶，尤其喜愛那些造型流暢的古樸茶具。施主可否爲我畫一個茶杯和一個茶壺？」

年輕人聽了，說：「這還不容易？」

於是調了一硯濃墨，鋪開宣紙，寥寥數筆，就畫出一個傾斜的水壺和一個造型典雅的茶杯。那水壺的壺嘴正徐徐吐出一脈茶，注入到了茶杯中。年輕人問釋圓：「這幅畫您滿意嗎？」

釋圓微微一笑，搖了搖頭。

釋圓說：「你畫得確實不錯，只是把茶壺和茶杯放錯位置了。應該是茶杯在上，茶壺在下呀。」

年輕人聽了，笑道：「大師爲何如此糊塗，哪有茶壺往茶杯裏注水，而茶杯在上、茶壺在下的？」

釋圓聽了，又微微一笑說：「原來你懂得這個道理啊！你渴望自己的杯子裏能注入那些丹青高手的香茗，但你總把自己的杯子放得比那些茶壺還要高，香茗怎麼能注入你的杯子裏呢？」

禪中道義

《禮記》云：「自卑而尊人」，這是禮的本質、精神之所在。自己卑下，尊重別人，世出世間聖賢無不是教導我們學忍讓，謙虛、卑下、忍讓之人有福。只有把自己放低，才能吸納別人的智慧和經驗。江河之所以能納百澗之水，就是因爲身處低處。

十三、大師與婦人

大千一粟未為寬，打破娘生赤肉團。
萬法本閒人自鬧，更無何處覓心安。

——民國．八指頭陀

古時有一個婦人，特別喜歡爲一些瑣碎的小事與人生氣。她也知道這樣不好，便去求一位大師爲自己談禪說道，開闊心胸。

大師聽了她的講述。一言不發地把她領到一座禪房中，落鎖而去。

婦人氣得高聲大罵。罵了許久，大師也不理會。婦人又開始哀求，大師仍置若罔聞。婦人終於沈默了。大師來到門外，問她：「你還生氣嗎？」

婦人說：「我只爲我自己生氣，我怎麼會到這地方來受這份罪！」

「連自己都不原諒的人，怎麼能心靜如水？」大師拂袖而去。

過了一會兒，大師又問她：「還生氣嗎？」

「不生氣了。」婦人說。

「爲什麼？」

「氣也沒有辦法呀。」

「你的氣並未消逝，還壓在心裏，暴發後將會更加劇烈。」大師又離開了。

大師第三次來到門前，婦人告訴他：「我不生氣了，因爲不值得氣。」

「還知道值不值得，可見心中還有衡量，還是有氣根。」大師笑道。

當大師的身影迎著夕陽立在門外時，婦人問大師：「大師，什麼是氣？」

大師將手中的茶水傾灑於地。婦人視之良久，頓悟。叩謝而去。

禪中道義

氣是別人吐出而你卻接到口裏的那種東西，你吞下便會反胃，你不理它時，它便會消失。人生短暫，幸福和快樂尚且享受不盡，哪裡還有時間去氣呢？

十四、走出沙漠的和尚

學者恒沙無一悟，過在尋他舌頭路。
欲得忘形泯蹤跡，努力勤殷空裏步。

——唐．洞山良價禪師

在一個被沙漠包圍的村子裏，村民們幾輩子僅守著一片綠洲過活。他們也試圖走出這片無邊際的沙漠，尋找新的定居點，但總是無功而返，因此他們認爲這片沙漠是永遠都走不出去的。

突然有一天，村裏不知從何處來了一位鶴髮紅顏的雲遊和尚，村裏人便圍住他，不斷地勸說雲遊和尚不要再冒險，村民們說：「這片沙漠你是走不出去的，我們祖祖輩輩都沒有走出去過。」

可是，雲遊和尚並沒有因爲他們的話而畏懼，他默默地出發了。

在沙漠裏沒有方向，無疑是死路一條——雲遊和尚白天休息，晚上看北斗星走。有了方向，就節省了許多時間。

三天三夜後，雲遊和尚終於走出了這片村民認為永遠都走不出去的沙漠。

禪中道義

堅強就是勇於突破，就是希望，就是創造，就是追求。人們常說——沒有過不去的火焰山，沒有跨不過的通天河。只要意志堅強，頑強拼搏，一切艱難困苦在我們的面前，就會變得毫不起眼。

人生是無法設計的，不知道哪朵雲下有雨，不知道人生會在哪裡碰壁，也不知道相扶的朋友何時會棄自己而去，但選擇了堅強，你永遠是你！在不能預料未來的前提下，堅強就成了一種謀略，一種能抗拒任何風險的謀略。

鵝湖民國學案
呂榮海 賴研 蕭新永 洪文東 周隆亨 潘俊隆 陳蕙娟 陳湘媛等35人 合著
台灣鵝湖書院
老子的正言若反、莊子的謬悠之說……
《鵝湖民國學案》正以
「非學案的學案」、「無結構的結構」、
「非正常的正常」、「不完整的完整」，
詭譎地展示出他又隱涵又清晰的微意。
曾昭旭教授推薦語
華夏出版

老子的正言若反、莊子的謬悠之說……《鵝湖民國學案》正以「非學案的學案」、「無結構的結構」、「非正常的正常」、「不完整的完整」，詭譎地展示出他又隱涵又清晰的微意。

曾昭旭教授推薦語

願台灣鵝湖書院諸君子能繼續「承天命，繼道統，立人倫，傳斯文」，綿綿若存，自強不息。蓋地方處士，原來國士無雙；行所無事，天下事，就這樣啓動了。

林安梧教授推薦語

喚醒人心的暖力，煥發人心的暖力，是當前世界的最大關鍵點所在，人類未來是否幸福，人類是否還有生存下去的欲望，最緊要的當務之急，全在喚醒並煥發人心的暖力！

王立新（深圳大學人文學院教授）

人們在徬徨、在躁動、在孤單、也在思考，希望從傳統文化中吸取智慧尋找答案；另一方面是割不斷的古與今，讓我們對傳統文化始終保有情懷與敬意！依然相信儒家仁、愛之說仍有益於當今世界。

王維生（廈門篔簹書院山長）

國家圖書館出版品預行編目資料

心寬者清：心境決定你的處境／耿文國著. -- 初版. -- 新北市：華夏出版有限公司, 2024.01
面；　公分. --（Sunny 文庫；316）
ISBN 978-626-7296-37-0（平裝）
1.CST：禪宗 2.CST：人生哲學

226.65　　112006362

Sunny 文庫 316
心寬者清：心境決定你的處境

著　　作　耿文國
出　　版　華夏出版有限公司
220 新北市板橋區縣民大道 3 段 93 巷 30 弄 25 號 1 樓
電話：02-32343788　傳真：02-22234544
E-mail：pftwsdom@ms7.hinet.net
印　　刷　百通科技股份有限公司
電話：02-86926066　傳真：02-86926016
總 經 銷　貿騰發賣股份有限公司
新北市 235 中和區立德街 136 號 6 樓
電話：02-82275988　傳真：02-82275989
網址：www.namode.com
版　　次　2024 年 1 月初版一刷
特　　價　新台幣 280 元（缺頁或破損的書，請寄回更換）

ISBN-13：978-626-7296-37-0